그런즉 너희는 먼저 그의 나라와 그의 의를 구하라
그리하면 이 모든 것을 너희에게 더하시리라
마태복음 6:33

알고 싶어요 하나님의 의

지은이 | 손기철
초판 발행 | 2013년 9월 6일
7쇄 발행 | 2025. 9. 13
등록번호 | 제3-203호
등록된 곳 | 서울특별시 용산구 서빙고동 95번지
발행처 | 사단법인 두란노서원
영업부 | 2078-3333   FAX 080-749-3705
출판부 | 2078-3477

책 값은 뒤표지에 있습니다.
ISBN 978-89-531-1970-3 03230

편집부에서 독자의 의견을 기다립니다.
tpress@duranno.com   http://www.Duranno.com

두란노서원은 바울 사도가 3차 전도여행 때 에베소에서 성령 받은 제자들을 따로 세워 하나님의 말씀으로 양육하던 장소입니다. 사도행전 19장 8-20절의 정신에 따라 첫째 목회자를 돕는 사역과 평신도를 훈련시키는 사역, 둘째 세계선교(TIM)와 문서선교(단행본·잡지) 사역, 셋째 예수문화 및 경배와 찬양 사역, 그리고 가정·상담 사역 등을 감당하고 있습니다. 1980년 12월 22일에 창립된 두란노서원은 주님 오실 때까지 이 사역들을 계속할 것입니다.

알고싶어요

하나님의 의

손기철

두란노

추천의 글

신앙생활이란 무엇일까? 그것은 하나님나라의 백성으로 사는 삶이다. 그렇다면 신앙생활을 잘 하기 위해서 우리는 '하나님의 나라'가 무엇인지를 바로 알아야 하고, 하나님나라의 '백성으로 사는 삶'이 무엇인지를 바로 이해해야 한다. 손기철 장로의 《알고 싶어요 하나님의 나라》와 《알고 싶어요 하나님의 의》는 이러한 질문에 자세하고 설득력 있는 대답을 제시하고 있다. 그리고 오늘날 한국 교회 신자들의 신앙생활의 문제점들을 하나하나 짚어 나가며 나름대로의 건전한 방향 설정을 위해 노력한 흔적이 보인다. 수없이 많이 인용한 성경 구절의 기초 위에 저자의 신앙적 체험이 든든한 버팀목이 되어, 읽는 이들의 마음에 잔잔한 감동과 결단을 선물하는 책이다.

• 문성모 | 서울장신대학교 총장

손기철 장로님은 최근 한국 교회에 새로운 치유운동을 일으키신 분이다. 과거 한국 교회에는 김익두 목사님과 같은 위대한 치유사역자가 계셨고, 해방 후에도 조용기 목사님을 비롯하여 많은 분이 치유사역을 하셨다. 하지만 최근에는 한국 교회의 침체 가운데 치유사역도 많이 약해진 것 같아 안타깝다. 손 장로님은 이와 같은 현실 속에서 치유운동의 맥을 이으며 한국 교회에 많은 은혜를 끼치고 있어 매우 기쁘게 생각한다.

손 장로님의 치유사역은 '하나님의 나라와 의' 사상에 근거하고 있는데, 이번에 이에 대한 귀한 책을 출판하셨다. 이 책은 무엇보다도 성경적이고, 체험적이고, 명료하다는 특징을 갖고 있다. 틀에 박힌 교리의 나열이 아니라 본인의 체험적인 확신이 녹아 있어서 더 큰 감동이 된다.

• 박명수 | 서울신학대학교 신학과 교수

《알고 싶어요 하나님의 나라》와 짝이 되는 이 책은 '믿는 자로서 이 땅에서 어떻게 하나님의 은혜를 누리며 거룩한 삶을 살 것인가'라는 중요한 문제를 다루고 있다. 손 장로님은 율법과 은혜 그리고 복음에 나타난 하나님의 의에 대한 온전한 이해와 체험을 통해 하나님께서 원하시는 풍성한 삶을 살아야 함을 강조하고 있다. 의인의 삶이 실제적으로 어떻게 말씀과 기도 생활에서 나타나는지, 또한 어떻게 하나님나라의 능력을 드러내는지 다루고 있다. 이 책은 《알고 싶어요 하나님의 나라》에 이어 우리에게 신선한 감동과 도전을 주리라 기대한다.

• **송민호** | 토론토영락교회 담임목사

손기철 장로님은 이 책에서 매우 도전적인 질문을 한국 교회에 던지고 있습니다. 우리가 주 예수님을 믿으면 의인의 삶을 살 수 있으며, 또 살아야 한다는 것입니다. 이것은 죽고 난 다음 천국에 가서야 이루어지는 것이 아니라는 것입니다. 2천여 년 전 예수님께서 이 땅에 오심으로 하나님의 통치가 다시 시작되었고, 예수님 안에 있는 자는 누구나 더 이상 사탄의 자식으로 살지 않고, 우리를 창조하신 하나님의 자녀 신분으로 돌아갈 수 있다는 것입니다.

   손기철 장로님이 이 책을 쓴 목적은 성도들로 하여금 예수 그리스도 안에서 하나님의 의를 체험케 함으로써 죄책감, 정죄감, 열등감으로부터 벗어나게 하고, 하나님나라는 말에 있지 않고 능력에 있음을 경험하도록 하려는 것입니다.

   이 책에서 손기철 장로님은 그동안 교회가 이 땅에 도래한 하나님나라의 삶에 초점을 맞추기 보다는 불신자를 구원하는 일에 관심과 노력을 기울여 왔기에 수많은 사람이 교회로 모여 들었지만 언젠가부터 그들은 철새처럼 다시 떠나가고 있다고 안타까워합니다. 그것은 교회가 이 땅에 도래한 하나님나라의 좋은 소식을 알리지도 않았고, 그 놀라운 복음의 실체를 보여 주지도 못했기 때문이라는 것입니다. 그래서 모든 것을 하나님 통치의 관점에서 보도록 우리에게 도전합니다. 그러면서 복음은 우리에게 하나님의 의가 되는 것과 도래한 하나님나라의 삶을 사는 법을 알려주는 것임을 성경을 근거로 밝혀 주고 있습니다.

• 유기성 | 선한목자교회 담임목사

율법과 은혜는 모두 하나님께로부터 온 것이며, 우리가 하나님의 의와 사랑을 체험하고 누릴 수 있도록 우리에게 허락하신 귀한 선물입니다. 그러나 안타깝게도 많은 그리스도인들이 율법과 은혜의 깊은 연관성을 알지 못한 채 한쪽으로만 치우친 신앙생활을 하고 있는 모습을 자주 발견하게 됩니다. 그런데 《알고 싶어요 하나님의 의》는 율법과 은혜의 관계를 이해하기 쉽게 설명하여 독자들이 하나님의 의와 사랑을 바로 알아갈 수 있도록 인도하고 있습니다. 이 책이 신앙생활의 좋은 길잡이로 쓰임 받게 되리라 확신합니다.

모든 독자가 이 책을 통해 하나님과 아름다운 관계를 맺어 성령의 열매를 맺고 풍성한 하나님의 의로움을 누리며 살게 되길 기도합니다.

• 이영훈 | 여의도순복음교회 담임목사

예수님이 "너희는 먼저 그의 나라와 그의 의를 구하라"(마 6:33)고 말씀하신 것은 하나님의 나라에서 가장 중요한 핵심이 '하나님의 의'이기 때문입니다. 손기철 장로님이 '하나님의 나라'에 대한 것과 더불어 '하나님의 의'를 함께 연구하여 책으로 낸 것은 예수님이 구분하신 중요한 순서를 따르는 의미 있는 작업입니다.

하나님의 나라가 우리에게 임하여 주시는 축복은 한마디로 "율법 외에 하나님의 한 의가 나타났으니"(롬 3:21)입니다. "율법 외에"라고 하신 것은 '율법을 통하여서'가 아니라 '율법이 증거하는' 것이 바로 그 하나님의 의였다는 것입니다. 이 비밀을 깨닫지 못하면 이 땅에 임한 하나님의 나라를 누리지 못합니다. 따라서 율법에 대한 피상적인 이해는 복음에 대한 피상적인 이해로 결론지어질 수밖에 없습니다. 그리스도 안에서 의롭게 된다는 것이 무엇을 의미하는지 깨닫는 사람이 하나님나라의 능력을 체험합니다. 손기철 장로님의 명확하고 간결한 설명은 모든 성도로 하여금 '하나님의 의'에 대해 확신에 이르게 할 것이라 믿습니다. 모든 한국 교회 성도가 이 책을 통해 다시 한 번 하나님의 의로 덧입은 축복에 전율하게 되기를 소원합니다.

• 이재훈 | 온누리교회 담임목사

러시아 화가인 바실리 칸딘스키는 "19세기가 '이것이냐 저것이냐'(or)의 세기였다면, 20세기는 '와'(and)의 세기가 될 것이다"라고 말했다. 시간이 갈수록 이 말이 참 마음에 든다. 'A or B'라며 한 가지를 선택하고 다른 한 가지를 버리는 것이 아니라 'A and B'로서 두 가지를 모두 가지고 갈 수는 없을까?

기독교계, 특히 한국의 기독교계에서는 오랜 동안 'A or B'의 상태가 지속됐다. A는 말씀이요, B는 성령이다. 말씀과 성령이 함께 가야 하는 것이 분명한데도 현실에서는 말씀과 성령이 분리됐다. 소위 '말씀파'는 성령을 무시했고, '성령파'는 말씀에 소홀했다. 그럼으로써 한국 교회에 사탄이 뿌려 놓은 거짓이 만연하게 됐다. "자, 이제 선택하라. A를 택할 것인가, B를 택할 것인가?" 사탄의 소리가 들리는 듯하다. 'A or B'의 세계 속에서 한국 교회는 많이 약해졌다. 이제 우리는 "'A and B'의 삶도 가능하다"고 말해야 한다. 말씀과 성령이 온전한 조화를 이룰 때, 하나님의 나라는 더욱 견고히 설 것이다. 지금도 한국 교회 곳곳에서 'A or B'의 선택을 거부하고, 'A and B'가 더불어 갈 수 있음을 실증하고 있는 사람들이 많다. 그것이 우리에겐 희망이요, 사탄에겐 절망이다.

내가 보기에 손기철 장로님은 지금 자신의 삶을 던져 말씀과 성령, 즉 'A and B'의 융합이 가능하다는 사실을 증거하고 있다. 그것은 현실에선 위험한 시도일 수 있지만 하나님나라를 위해선 유익한 실험이다. 나는 손 장로님을 치유사역자로만 한정짓는 데 반대한다. 수차례 인터뷰와 만남을 통해서 나는 그가 '하나님나라의 복음'을 전하는 데 얼마나 매진하고 있는지를 알게 됐다. 그는 우리가 복음을, 하나님나라를 너무나 내세적으로 보고 있음을 안타까워했다. 분명하게 "예수님이 전한 복음은 하나님나라의 복음"이라면서 "죽은 뒤에 가는 그 나라만이 아니라 바로 우리가 살고 있는 이 세계 역시 하나님나라라는 사실을 알아야 한다"고 강조했다.

내가 아는 한 손 장로님은 교회를 배척하고 자신의 왕국을 건설하려는 사이비 치유사역자가 아니다. 그의 가슴에는 언제나 교회가 있다. 그에 따르면, 현세에 도래한 하나님나라와 미래에 가게 될 하나님나라가 균형을 잡아야 하는데 거기서 가장 중요한 것이 교회다. 성도가 교회를 통해 현세에서 하나님나라의 삶을 살도록 하는 것이 바로 하나님의 뜻이라는 것이다.

《알고 싶어요 하나님의 나라》와 《알고 싶어요 하나님의 의》, 이 두 책에는 손 장로님이 늘 주장하는 '하나님나라의 복음'에 대한 내용이 자세히 들어 있다. '하나님의 나라'와 '하나님의 의'에 대한 저자의 생각을 나눌 수 있는 귀한 책이다. 바라기는 이 책을 통해서 한국 교회 내에 'A and B'의 정신이 확산되기를 바란다. 존중하는 마음으로 이 책을 읽는다면 A의 진영이나, B의 진영 모두에게 큰 도움이 되리라 믿는다. 그래서 결국 우리 모두 진영 밖으로 나와 '하나님나라의 복음'으로 인한 '킹덤 멘털리티'를 가지고 서로를 부둥켜안게 될 것을 소망해 본다.

• **이태형** | 국민일보기독교연구소 소장, 《더 있다》 저자

'의'(義)에 관한 물음은 '죄' 혹은 '악'에 관한 문제와 함께 종교와 신학과 철학은 물론 정치, 경제, 문화와 교육 등 인간 삶의 전 분야에서 역사적으로 가장 오래된 주제입니다. 유대교와 기독교, 기독교와 이슬람교, 그리고 기독교의 로마 가톨릭교회와 개신교회의 분기점 등이 다름이 아니라 '의'의 문제에 대한 정의와 '의'를 이루는 방법 등으로 인하여 유발되었다는 것도 우리는 알고 있습니다.

손기철 장로님은 '의'에 대한 이러한 역사적 배경 속에서 오늘의 그리스도

인의 현실적인 문제점을 진지하게 지적하고 있습니다. 그리스도인의 '의'는 '하나님의 의'와 '하나님의 나라' 그리고 '복음'과 통합되어서 '하나님의 자녀'의 삶에서 현실적으로 구현되어야 함에도 불구하고 실제적으로는 분리되어 있다는 것입니다. 하나님의 '의'의 자녀가 된 후에는 '하나님의 통치' 속에서 '하나님나라'를 이 땅에서 삶으로 살고, 보여 줄 수 있고, 보여 주어야 함에도 불구하고 그렇지 못하다는 것입니다. 왜 그렇게 되었을까요?

그리스도 안에서 모든 그리스도인이 하나님의 온전한 의가 되었음에도 불구하고 자신이 아직도 '온전'하지 못하다고 생각하면서, 여전히 율법적이고 도덕적이며 성실한 교회 생활로 이를 극복하기 위하여 노력하는 그리스도인이 많습니다. 저자는 이들을 볼 때마다 참으로 안쓰럽게 여기고 있습니다. 왜냐하면 손 장로님도 옛날에 그러한 신앙생활을 했기 때문입니다.

'복음'은 한 죄인이 믿음으로 죄 사함의 은총을 받는 것에서 멈추어서는 안 된다고 저자는 이야기합니다. '복음'은 죄인이 하나님의 생명을 받은 하나님의 자녀가 될 뿐만 아니라 그리스도 안에서 자신이 하나님의 의가 되어서 하나님 통치를 이 땅에서 현실적으로 경험하고 선포함으로 흑암의 세계에서 해방되는 것까지 포함하고 있다고 저자는 말합니다.

이처럼 《알고 싶어요 하나님의 의》는 무엇보다 손기철 장로님이 직접 경험한 '하나님의 의'에 대한 신학적이고 성경적이며 전기적인 책입니다. '하나님의 의'에 대한 지성적 이해와 영성적 체험을 포괄적으로 정리한 신학서입니다. 그리고 그가 지난 15여 년에 걸쳐 인도하고 있는 집회에 참여하는 수많은 사람이 지속적으로 경험하면서 입증하고 있는 임상기록서이며 간증서이기도 합니다.

저자가 조직신학이나 성경신학 혹은 실천신학을 연구한 신학자가 아니라 자연과학을 전공한 생명 과학자로서 이러한 책을 집필하였다는 것이 놀라울 따름입니다. '하나님의 의'에 대한 소극적이고 왜곡된 이해로 위기에 직면한 한국 교회를 살릴 수 있는 지침서가 되리라 기대하면서 기도와 함께 추천의 글을 드립니다.

• **임승안** | 나사렛대학교 전 총장, 아시아태평양 나사렛신학대학원 총장 내정자

손기철 장로는 매주 수천 명의 사람들에게 하나님의 말씀을 증거하고 성령의 능력으로 병자와 귀신들린 사람들을 치유하고 해방시키는 놀라운 사역을 감당하고 있다. 이 귀한 사역을 감당하면서 그리스도인들이 '칭의'와 '성화' 등 기독교의 기본이 되는 진리에 대해 잘못 이해하고 있거나 오해하고 있는 것을 발견하고 고민하며 기도하는 가운데 이 책을 쓰기로 결심했다. 저자는 이 책에서 어떤 신학자의 이론을 검증하거나 신학 이론을 논하지 않는다. 단지 성경에서 하나님의 나라와 하나님의 의에 대해서 어떻게 가르치고 있는지 깊이 묵상하면서 주님이 주시는 깨달음과 실제 경험에 입각하여 기록한 것이다.

예수님은 십자가에서 죽으시고 부활하심으로 예수님을 믿는 자들을 '의인'으로 만드셨다. 그런데 성경에 우리가 '의인'이 되었다고 명백히 기록되었음에도 불구하고 자신을 늘 '죄인'이라고 여기며 힘없는 삶을 살고 있는 그리스도인들이 많다. 그것은 예수님이 이루어 놓으신 보혈의 공로를 완전히 무시하는 것이다. 저자는 하나님의 본질, 본능, 표준에 맞게 믿는 자의 태생이 변했다고 설명한다. 우리 자신은 의로울 것 하나 없지만, 우리 안에 계신 예수님으로 인해 당당히 의인으로 살 수 있는 것이다. 한국 교회는 지금 영적 침체기에 들어섰다. 이제 평양대부흥, 70-90년대의 놀라운 교회성장과 같은 제3, 제4의 영적각성 운동이 일어나야 한다. 이 책을 통해서 성경이 가르치는 대로 말씀과 성령님의 인도하심에 순종하여 놀라운 하나님의 역사를 이루는 복된 그리스도인들이 불일 듯 일어나기를 간절히 소망한다.

• **임열수** | 복음신학대학원대학교 총장

중세의 가톨릭교회가 점점 권력과 부를 좇을 때, 아시시의 프란체스코가 나타나 청빈의 삶으로 교회를 정화시켰다. 16세기 가톨릭교회가 연옥과 면죄부로 타락의 극에 달했을 때, 종교개혁자들이 나타나 하나님의 말씀을 바로 세우기 위해 목숨을 바쳤다. 독일의 루터교회가 점점 교조적인 신학 해석으로 시대의 빛이 되지 못할 때, 경건주의자들이 나타나 살아 있는 기독교 복음을 전파했으며, 영국의 개혁교회가 생명력을 잃어갈 때 청교도와 존 웨슬리가 나타나 교회를 정화시켰다. 이처럼 교회가 그 빛을 잃어갈 때, 하나님은 당신의 뜻을 온전히 좇는 사람들을 세우셔서 교회를 새롭게 하셨다.

그렇다면 지금 한국 교회의 모습은 어떠한가? 한국 교회는 처음 가졌던 복음의 확신과 사회변화의 열망을 갖고 있는가? 손기철 장로님의 책은 한국 교회가 잃어버린 야성(野性)을 일깨운다. 그것은 복음을 통한 사회변혁이며, 그 복음은 하나님나라의 기쁜 소식이다. 이 책이 역사의 흐름을 바꾸는 티핑포인트(tipping point)가 되길 바란다.

• **정성진** | 거룩한빛광성교회 담임목사

손 장로님 책의 강점은 우리로 생각하게 하고 일깨우는 데 있습니다. 《알고 싶어요 하나님의 나라》에 이은 이 책은 '하나님의 의'라는 하나님나라 복음의 가장 본질적인 주제를 집중적으로 다루고 있습니다. '우리가 어떻게 실질적인 하나님의 의가 될 수 있는가' 하는 도전적인 과제를 심층적으로 다루고 있습니다. 이 책을 읽는 내내 기존 사고의 흔들림이 강력하게 느껴졌습니다. 치유사역의 수많은 임상 경험을 체험한 현장 전문가만이 줄 수 있는 살아 있는 경험서입니다.

저자는 오늘날 구원을 받고도 계속되는 죄의식에 시달리는 무력한 기성 교인들은 물론 새롭게 주님을 영접한 초신자에 이르기까지 하나님의 의를 어떻게 구체적으로 확인할 수 있는지를 명쾌하게 제시하고 있습니다. 이 책은 칭의와 성화라는 신학적 개념을 어떻게 현실적이며 구체적인 믿음의 실체로 우리의 삶에 적용할 수 있는가를 보여 주는 실천서이기도 합니다. 아울러 목회자와 선교사의 사역과 가르침의 현장에서 활용할 수 있는 매우 유용한 사역 지침서가 되리라 확신합니다.

• **정인수** | 애틀랜타 연합장로교회 담임목사

차례

추천의 글 4

인사말 14

프롤로그
하나님나라 복음과 칭의 복음의 상관성 20

복음 안에서 새로운 삶을 살라

CHAPTER 1
왜 은혜 안에서 충만한 삶을 살지 못하는가? 38

CHAPTER 2
왜 새로운 삶이 필요한가? 47

CHAPTER 3
율법은 무엇이고 복음은 무엇인가? 59

CHAPTER 4
진정한 은혜를 알고 누려야 한다 99

당신은 하나님의 의다

CHAPTER 1
왜 의를 알아야 하는가? 118

CHAPTER 2
칭의란 무엇인가? 133

CHAPTER 3
우리는 어떻게 의롭게 되는가? 147

CHAPTER 4
당신은 하나님의 의다 172

Part 3 의인은 이렇게 산다

CHAPTER 1
복음 안에서 예수님과 우리는 이런 관계에 있다 192

CHAPTER 2
의인에게 말씀은 생명이다 211

CHAPTER 3
의인의 믿음은 이렇게 나타난다 224

CHAPTER 4
의인은 이렇게 고백하고 선포한다 239

CHAPTER 5
의인은 행동하는 믿음을 가져야 한다 256

CHAPTER 6
의인으로서 새로운 삶을 살라 270

참고문헌 285

인사말

    2천여 년 전, 예수님은 이 땅에 오셔서 마침내 하나님의 통치가 다시 시작되었다고 선포하셨다. 이 선포야말로 오랜 동안 어둠의 나라에서 사탄의 자식으로 살아 오던 모든 사람에게 복된 소식이 아닐 수 없다. 하나님의 통치가 시작되었다는 것은 이제 더 이상 사탄의 자식으로 살지 않고, 우리를 창조하신 하나님 자녀의 신분으로 돌아갈 수 있다는 뜻이다. 아울러 흑암의 권세 아래에서 사탄으로 인해 당해야 했던 모든 환난, 가난, 관계의 깨어짐, 질병, 영적 죽음으로부터 해방될 수 있다는 것을 의미한다. 그리고 더 놀라운 사실은 우리가 본래 지음 받은 목적대로 이 땅에서 하나님 아버지의 뜻을 이룰 수 있게 되었다는 것이다. 할렐루야!

    그런데 안타까운 사실은 언제부터인가 이 놀라운 '하나님나라의 복음'이 미래와 하늘에 속한 '하나님나라'와 현재 이 땅의 삶을 위한 '복음'으로 분리되고 말았다. 진정한 복음은 '그날'(예수께서 죽으시고 부활 승천하신 후 약속하신 보혜사 성령님이 강림하신 날)을 기점으로 그날 이전에 예수 그리스도께서 제시하신 하나님 통치의 복음과 그분이 행하신 구원 사역이, 그날 이후 우리에게 이루어지는 칭의(구원)의 복음과 유기적으로 통합된 것이어야 한다.

흔히 하나님나라(통치)의 복음과 구원론적(칭의의) 복음을 나누거나 대비시켜서 설명하려는 경향이 있다. 하지만 결코 두 복음이 있거나 하나의 복음이 둘로 나뉠 수 있는 것이 아니다. 하나님의 통치가 없는 칭의라면 무슨 의미가 있겠는가? 반대로 하나님의 칭의로 귀결되지 않는 통치라면 무슨 가치가 있겠는가? 그렇기 때문에 예수님은 우리에게 하나님의 나라와 그분의 의를 구하라고 말씀하신 것이다. 그러나 안타깝게도 예수님을 믿고 교회생활을 열심히 하는 성도는 많지만, 정작 그 나라로 침노하고자 하는 이들은 많지 않다(눅 16:16). 더욱이 자신이 죄사함을 받고 의롭게 되었다고 믿는 것을 넘어서 실제로 예수 그리스도 안에서 하나님의 의가 되는 자는 더더욱 적다.

나는 성령체험을 통해서 하나님나라로 침노했고, 하나님의 통치 안에 거했지만 말씀이 하늘에서 이미 이루어진 것같이 땅에서 이루어지는 실체를 경험하지 못하는 것에 대해 오랜 시간 의구심과 답답함을 가지고 있었다. 그러다 그 원인이 온전치 못한 마음에 대한 죄의식에 있다는 것을 알았다. 그리고 그것으로부터 벗어나려는 나의 어떤 수고와 행위도 죄의 문제를 해결할 수 없다는 사실을 깨닫게 되었다. 그러나 나의 관점에서 말씀을 보는 대신 하나님 말씀의 관점에서 나를 바라보는 순간, 바로 내가 예수 그리스도 안에서 하나님의 의라는 놀라운 진리를 깨닫게 되었다(고후 5:21). 그것은 지금까지 내가 알아 온 칭의의 신학적 개념이 아니라 새로운 피조물로 변화된 실체를 체험하는 것이었다. 그때부터 나는 죄를 짓지 않기 위해 애쓰는 신자가 아니라, 하나님의 의를 나타내기 위해 힘쓰는 자녀가 되었다. 할렐루야!

따라서 이 책은 의(righteousness)에 대한 신학적 개념을 정리하기 위한 것이 아니라 실제 하나님과 관계적, 경험적, 실천적 차원에서 의를 경험하도록 하기 위해 쓰였다.

이 책은 《알고 싶어요 하나님의 나라》와 짝을 이룬다. 하나님나라의 삶이 무엇인지를 아는 성도에게 예수 그리스도 안에서 하나님의 의를 체험케 함으로써 죄책감, 정죄감, 열등감으로부터 벗어나게 하고, 하나님나라는 말에 있지 않고 능력에 있음을 경험토록 하기 위해 쓰였다. 3부로 구성된 이 책은 첫째, 독자들에게 율법적인 삶과 은혜의 삶의 차이를 깨닫게 함으로써 새로운 삶의 의미와 필요성을 알려 준다. 둘째, 그 삶의 실현을 위해서 우리가 하나님의 의라는 사실을 깨달을 수 있도록 증거한다. 셋째, 우리가 하나님의 의로서 주의 뜻을 이루어 가는 실제적인 삶을 살아가기 위해 기본적으로 요구되는 말씀, 믿음, 고백, 행동을 설명한다.

이 책의 내용은 논리적 이해를 위해 전개된 것이 아니라 성령 안에서 조명된 말씀을 관계적, 경험적, 실천적으로 풀어 설명함으로써 독자들 또한 성령의 임재 안에서 하나님의 의가 깨달아지고 체험되도록 하였다. 따라서 내용이 다소 중복되는 느낌이 있지만 그 마음의 상태에서 계속 읽을 때 성령님의 더 깊은 이끌림을 받을 수 있을 것이다.

의인의 삶을 살기 위해서 우리는 여전히 하나님과 생명적 관계를 가지기보다는 몇 가지 방법을 실천함으로써 그것을 이루려는 경향이 있다. 실제로 서점에 나가 보면 '승리하는, 잘사는, 행복해지는 몇 단계' 등과 같은 책들이 그 안에 제시된 내용을 지키고 행하면 목적하는 바를 이룰 수 있는 것처럼 선전하고 있다. 의인의 삶은 관계에 토대를 두고 있는 것이지, 단지 그렇게 지키고 행하는 것과는 다르다. 이 책의 내용도 마찬가지다.

만약 하나님과 생명적, 영적, 현재적 관계가 없다면 이 책에 나온 모든 내용을 지켜 행한들 무슨 의미가 있겠는가? 그런 의미에서 이 책을 읽는 독자는 먼저 성령체험할 것을 간절히 권한다. 필요하다면 이 책과 더불어 《알고 싶어요 성령님》(규장, 2012)을 참고하라.

《알고 싶어요 성령님》과 더불어 《알고 싶어요 하나님의 나라》와 본서는 '킹덤 신앙'의 토대를 세우는 책이라고 볼 수 있다. 후속으로 '킹덤 빌더의 실제적인 삶'에 대한 책을 출판하고자 한다. 그때는 보다 현실적이고 실제적인 측면에서 우리가 매일 경험하는 삶의 요소인 일(작업), 관계(만남과 교제), 시간, 물질(재정), 건강을 어떻게 하나님나라의 방식으로 변화시킬 수 있는지를 구체적으로 나눌 예정이다.

그동안 의인의 삶이 무엇인지를 깨닫게 하고, 실제로 시험해 볼 수 있는 장을 제공한 분들에게 진심으로 감사드리고 싶다. 무엇보다 수많은 어려움 속에서도 함께 기쁨으로 동역하는 사랑하는 자녀들과 아내 윤현숙 목사, 국내외 HTM 스태프 분들과 규장의 여진구 대표에게 감사드린다. 특별히 초고를 읽고 문장을 다듬어 주신 이기성 목사님과 신학적으로 조언을 해주신 김태섭 목사님께도 감사드린다. 그리고 마지막으로 이 책의 출판을 진심으로 축복해 주신 온누리교회의 이재훈 목사님과 두란노서원 금경연 목사님과 편집부에도 감사드린다.

이 시대에 의인의 삶을 함께 살아가고자 하는 모든 동역자들에게 이 책을 바치며, 한 장씩 읽어 나가는 가운데 성령께서 우리의 마음을 조명하시고 새롭게 변화시켜 주시기를 간절히 소망한다.

오직 하나님께 영광을 올려드립니다.

손기철 대표
Heavenly Touch Ministry

프롤로그
하나님나라 복음과 칭의 복음의 상관성

33 그런즉 너희는 먼저 그의 나라와 그의 의를 구하라 그리하면 이 모든 것을 너희에게 더하시리라 마 6:33

예수님이 선포하신 복음을 온전히 이해하기 위해서는 하나님의 통치(나라)와 인간의 구원이라는 두 관점에서 접근이 필요하다. 이러한 접근은 우리를 편협하거나 왜곡된 복음으로부터뿐만 아니라 여러 이단 사상의 위험으로부터 지켜준다. 우리는 오랫동안 하나님 통치의 관점에 대해서는 무관심한 채 복음을 단지 인간 구원의 관점에서 이해해 왔다. 그 결과 복음의 내용을 구원으로 축소시켰고, 칭의, 성화, 영화라는 협의의 틀 속에 가두어 놓고 말았다.

복음을 하나님 통치의 관점에서 바라보지 못할 경우 아무리 우리가 새 언약에 대해서 강조한다 해도 결국 신율법주의(구약의 율법에서 새 언약으로 바뀌었지만 여전히 자신의 행위와 공로로 의롭게 되고자 하는 신앙)의 굴레에서 벗어날 수 없게 된다. 하나님과의 생명적인 관계 없이 스스로 새 언약을 지키고 행해야만 의롭다 함을 얻게 된다고 생각하는 것이다. '하나님과 우리의 관계 회복'을 '하나님이 주신 언약을 지키는 것'으로 변질시키는 것이다. 그렇게 되면 복음을 '하나님의 의가 나타나는 관점'이 아닌 '또다시 죄를 짓지 않는 관점'에서 볼 수밖에 없다. 그러나 복음은 우리에게 하나님의 의가 되는 것과 도래한 하나님나라의 삶을 사는 법을 알려 주는 것이지, 우리에게 죄를 짓지 않거나 이 땅에서 복받는 법을 가르쳐 주는 것이 아니라는 점을 분명히 알아야 한다.

17 복음에는 하나님의 의가 나타나서 믿음으로 믿음에 이르게 하나니 기록된 바 오직 의인은 믿음으로 말미암아 살리라 함과 같으니라 롬 1:17

예수님은 무엇보다도 하나님의 나라와 의를 구하라고 말씀하셨다. 그런 측면에서 볼 때 공관복음(마태, 마가, 누가, 요한복음)은 하나님나라(통치와 그에 따른 실체들)에 초점을 두고 있는 반면, 서신서는 하나님의 의에 심중하고 있다. 다른 말로, 공관복음이 하나님의 통치(그의 나라)가 구약에 예언된 메시아인 예수 그리스도를 통해서 나타남으로 말미암아 이 세상과 백성, 그리고 사탄에게 어떤 일이 일어나는가를 보여 주는 것이라면, 신약성경의 나머지 부분은 우리가 어떻게 그 나라로 들어갈 수 있으며 어떻게 그 나라의 삶을 살아야 하는지 가르쳐 주고 있는 것이다. 그것이 바로 하나님의 의에 관한 것이며, 이 일을 성취하시기 위해 예수님이 십자가에서 죽으시고 부활 승천하시고 보혜사 성령님을 보내 주신 것이다.

많은 경우 이 진리를 알지 못하기 때문에 예수님이 선포하신 하나님나라의 복음이 예수 그리스도(선포자 자신)에게 초점이 맞춰져 있다고 생각한다. 그래서 예수 그리스도의 죽으심과 부활하심, 그분의 주 되심과 하나님의 아들 되심을 믿는 것만이 복음이라고 생각하거나 많은 서신서의 저자인 사도 바울이 예수님이 전하신 복음을 왜곡했다고 비판하기도 한다. 이러한 문제들은 근본적으로 복음을 전체적으로 보지 못한 데서 기인한 것이다.

하나님의 통치 주권을 대행하는 예수 그리스도는 하나님의 통치를 선포하시고 그 나라의 삶이 무엇인지를 보여 주셨다. 사탄의 권세 아래 있는 모든 백성이 그 나라에 들어가 하나님 자녀의 삶을 살도록 하시기 위해서 우리를 대신하여 친히 하나님의 의가 되셨다. 그분은 성육신하셔서 세상 죄를 지고 가는 어린양이 되셨고, 부활하신 후 하늘로 올리우사 대제사장으로서 그의 피를 가지고 하나님의 모든 공의를 만족시키셨다. 그리고 하나님 보좌 우편에서 우리의 영원한 중보자가 되셨다. 바로 그분이 친히 우리 안에 오심으로써 우리가 그분 안에서 하나님의 의가 되는 것이다.

21 하나님이 죄를 알지도 못하신 이를 우리를 대신하여 죄로 삼으신 것은 우리로 하여금 그 안에서 하나님의 의가 되게 하려 하심이라 고후 5:21

이 놀라운 진리가 주로 사도 바울에 의해서 기록된 것임을 생각해 볼 때, 서신서에 나타난 복음이 예수 그리스도에게만 국한되었다고 생각하는 것은 복음을 전체적으로 보지 못하는 참으로 어리석은 주장이다. 우리가 그의 나라와 의를 구함으로써 하나님의 자녀로 회복되고 다시 그분의 뜻을 이루어 가는 삶을 사는 것, 그것이 바로 복음이다.

15 이르시되 때가 찼고 하나님의 나라가 가까이 왔으니 회개하고 복음을 믿으라 하시더라 막 1:15

10 나라가 임하시오며 뜻이 하늘에서 이루어진 것같이 땅에서도 이루어지이다 마 6:10

33 그런즉 너희는 먼저 그의 나라와 그의 의를 구하라 그리하면 이 모든 것을 너희에게 더하시리라 마 6:33

예수 그리스도께서 보혜사 성령으로 다시 우리에게 오신 '그날'을 기준으로 해서 생각해 보자. 공관복음서가 아직 오지 않은 그날을 (미래적으로) 바라보는 관점에서 복음을 기록한 것이라면, 사도행전이나 서신서는 그날 이후 우리에게 이미 도래한 하나님나라의 관점에서 그날을 되돌아보며 복음을 기술한 것이다. 그러므로 전자의 경우는 하나님나라의 선포와 그 나라의 실체에 대한 복음을, 후자는 이제 그 나라로 들어가는 조건으로 기능하는 (주와 메시아요 하나님의 아들이신) 예수 그리스도의 죽으심과 부활하심에의 연합에 대한 복음을 강조할 수밖에 없다. 예수 그리스도 안에서 (그리스도의 영에 인도함을 받음으로) 하나님의 의가 된 자녀가 주의 뜻을 이루어 가는 삶이 결국 하나님나라의 삶이다.

이제 복음을 하나님의 통치(나라)와 인간의 구원이란 관계적 관점에서 재조명해 보자. 공관복음서의 하나님나라 복음은 하나님의 통치가 임했다는 것과 그 통치가 인자로 오신 예수 그리스도를 통하여 이루어졌음을 알려 준다. 한편 서신서의 칭의의 복음은 그 나라의 삶을 이 땅에서 실제적으로 성취할 수 있는 구원론적 방법과 예수 그리스도 안에 있는 믿음으로 하나님의 뜻을 나타내는 삶에 대해 말씀하고 있다. 그러므로 하나님나라와 의는 동전의 양면처럼 결코 분리될 수 없는, 한 복음의 실체다.

하나님나라는 인간의 구원이라는 관점에서 해석해야 하고, 인간의 구원은 하나님나라의 관점에서 해석해야 한다. 예수 그리스도를 통한 하나님나라의 도래와 우리를 통한 하나님나라의 실현을 연결해 주는 고리는 바로 예수 그리스도의 죽으심과 부활하심에의 연합, 성령강림의 체험, 그리고 우리가 예수 그리스도 안에서 하나님의 의가 되는 것이다. 이것이 바로 서신서의 대부분을 기록한 사도 바울이 계시받은 복음의 핵심이다.

그는 하나님의 통치적 관점에서 예수 그리스도를 통한 구원의 복음(칭의의 복음)을 이해했던 것이다. 이는 바울 서신에 '하나님의 나라'라는 말이 무려 열 번이나 언급되어 있다는 사실에서도 확인할 수 있다(롬 14:17; 고전 4:20, 6:9-10, 15:24, 50; 갈 5:21; 골 1:13, 4:11; 살전 2:11-12; 살후 1:5). 또한 바울이 그의 마지막 전도 여행 중 밀레도에서 에베소 장로들에게 행한 고별 설교에서 자신이 그동안 전해 온 '하나님 은혜의 복음'을 하나님께 대한 회개, 주 예수 그리스도께 대한 믿음, 그리고 하나님의 나라로 요약했던 것에서도 잘 알 수 있다.

> **18** 오매 그들에게 말하되 아시아에 들어온 첫날부터 지금까지 내가 항상 여러분 가운데서 어떻게 행하였는지를 여러분도 아는 바니 … **21** 유대인과 헬라인들에게 **하나님께 대한 회개**와 **우리 주 예수 그리스도께 대한 믿음**을 증언한 것이라 … **24** 내가 달려갈 길과 주 예수께 받은 사명 곧 **하나님의 은혜의 복음**을 증언하는 일을 마치려 함에는 나의 생명조차 조금도 귀한 것으로 여기지 아니하노라 **25** 보라 내가 여러분 중에 왕래하며 **하나님의 나라**를 전파하였으나 이제는 여러분이 다 내 얼굴을 다시 보지 못할 줄 아노라
>
> 행 20:18-25

하나님나라의 선포자이시며 실현자이신 예수님은 우리에게 "그의 나라와 의를 구하라"고 말씀하셨다. 이것은 신학적인 의미에서 기독론적 복음과 구원론적 복음을 아우르는 말씀이다. 이 둘은 결

코 별개가 아니라 하나이기 때문에 말씀과 성령 안에서 지속적으로 통합되어야 한다. 이것이 우리에게 삼위일체 하나님과의 현재적, 영적, 생명적 교제를 가능하게 하고, 흑암의 세력으로부터 벗어나 하나님나라에서 살게 하며, 영원한 하나님의 거처(하늘)에서 이미 이루어진 일들이 이 땅에서도 동일하게 이루어지도록 만드는 (즉, 말씀이 실체로 나타나게 하는) 복음의 비밀인 것이다. 할렐루야!

왜 그의 의를 구해야 하는가?

복음의 궁극적인 목적은 하나님의 통치 안에서 그분의 의를 나타냄으로써 우리로 하여금 하나님 자녀의 삶을 살게 하는 것이다. 우리에게 그 삶을 열어 주기 위해 친히 희생제물, 대제사장, 중보자로서 이 땅에 오신 분이 바로 예수 그리스도이시다(히 9:11-15). 이 진리를 알도록 하기 위해서 주어진 것이 바로 성경 말씀이고, 그 말씀의 비밀을 온전히 깨닫기 위해서는 우리가 성령 안에서 믿음을 갖는 것이 절대적으로 필요하다.

그렇다면 왜 이 놀라운 복음이 온전히 전해지지 않는 것일까? 그 이유는 인간 중심적 사고방식이 온세상을 지배하고 있기 때문이다. 이 시대에 가장 필요한 것은 인간 중심(인본주의)적 사고방식에서 하나님 중심(신본주의)의 사고방식으로 우리의 마음을 새롭게 하여 하나님나라의 복음을 온전히 듣고 믿는 것이다. 무엇보다 성령 안에서 주의 말씀대로 자신과 세상과 삶을 바라볼 수 있는 새로운 사고방식이 절실히 필요하다. 이러한 하나님 중심의 사고방식, 도래한 하나님나라의 사고방식은 모든 세상적 멘털리티(secular mentality)와 반대되는 킹덤 멘털리티(kingdom mentality)라고 부를 수 있다. 예를 들면, 우리의 참된 정체성은 '우리가 하나님을 어떻게 보느냐'가 아니라, '하나님이 우리를 어떻게 보시느냐'에 달려 있다. 하나님이 우리를 대하시는 관점은 우리가 자신을 바라보는 관점과는 완전히 다르다. 우리는 하나님이 말씀하시는 그런 사람이 되도록 노력해야 하는가 아니면 그분이 말씀하신 그런 사람이 이미 되었는가?

> 21 전에 악한 행실로 멀리 떠나 마음으로 원수가 되었던 너희를 22 이제는 그의 육체의 죽음으로 말미암아 화목하게 하사 너희를 거룩하고 흠 없고 책망할 것이 없는 자로 그 앞에 세우고자 하셨으니 골 1:21-22.

> 24 능히 너희를 보호하사 거침이 없게 하시고 너희로 그 영광 앞에 흠이 없이 기쁨으로 서게 하실 이 유 1:24

> 27 자기 앞에 영광스러운 교회로 세우사 티나 주름 잡힌 것이나 이런 것들이 없이 거룩하고 흠이 없게 하려 하심이라 엡 5:27

진리의 말씀은 우리가 이미 예수 그리스도 안에서 새로운 피조물이라고 선포하고 있다.

17 그런즉 누구든지 그리스도 안에 있으면 새로운 피조물이라 이전 것은 지나갔으니 보라 새 것이 되었도다 고후 5:17

답은 우리의 삶은 '우리 자신이 세상을 어떻게 보느냐'가 아니라, '하나님이 세상을 어떻게 보시느냐'에 달려 있다. 우리는 하나님나라에 들어가기 위해서 노력해야 하는가 아니면 이미 하나님나라 안에 있는가?

1 또 그들에게 이르시되 내가 진실로 너희에게 이르노니 **여기 서 있는 사람 중에는 죽기 전에 하나님의 나라가 권능으로 임하는 것을 볼 자들도 있느니라 하시니라** 막 9:1

13 그가 우리를 흑암의 권세에서 건져내사 **그의 사랑의 아들의 나라로 옮기셨으니** 골 1:13

우리가 성경을 읽고 묵상하면서도 말씀을 그대로 받아들이지 못하고 말씀의 능력을 체험하지 못하는 이유는 바로 우리 자신과 하나님에 대한 잘못된 인식 때문이다. 즉, 스스로를 구원은 받았지만 여전히 온전치 못한 죄인으로 여기는 까닭에 우리의 마음이 죄의식, 죄책감, 열등감 등에 사로잡혀 있는 것이다. 아무리 우리가 죄사함과 구원을 얻었다고 믿어도, 자신을 여전히 죄인의 관점에서 미심쩍게 바라보는 것을 멈추지 않는다면, 실제 삶에서 우리의 영혼(마음)은 절대로 죄의식의 굴레에서 자유로울 수 없다. 예를 들어, 하나님의 말씀은 예수 그리스도께서 우리 안에 계시고, 하나님 아버지께서 예수 그리스도 안에 계심으로 말미암아 우리가 아버지와 하나가 될 수 있고, 아버지께서 예수님을 사랑한 것과 똑같이 우리를 사랑하신다고 약속하셨다.

23 곧 내가 그들 안에 있고 아버지께서 내 안에 계시어 그들로 온전함을 이루어 하나가 되게 하려 함은 아버지께서 나를 보내신 것과 또 나를 사랑하심 같이 그들도 사랑하신 것을 세상으로 알게 하려 함이로소이다 요 17:23

11 거룩하게 하시는 이와 거룩하게 함을 입은 자들이 다 한 근원에서 난지라 그러므로 형제라 부르시기를 부끄러워하지 아니하시고 히 2:11

또한 예수 그리스도와 우리의 아버지가 동일하시며, 예수님이 우리를 형제라 부르기를 부끄러워하지 않으신다. 우리는 대개 이러한 말씀들을 믿음으로 받아들이기는 하지만, 그 실체를 체험하지 못하는 경우가 많다. 말씀의 놀라운 약속을 인정하고 체험하고자 하면 내면에서는 기쁨보다 두려움이 앞선다. '내가 감히 그렇게 생각해도 되는 것일까?' 심지어 불경스럽다는 느낌마저 들 수 있다. 바로 내 안에 있는 죄의식과 열등감 때문이다.

우리로 하여금 자신과 세상과 하나님을 온전하게 보지 못하게 만드는 것이 죄의식이다. 이 죄의식으로부터 벗어나지 못한다면 우리는 하나님의 자녀가 되었음에도 불구하고 진정한 자유를 누리지 못한 채 여전히 종처럼 살 수밖에 없다. 그런데 이 죄의식으로부터 벗어나지 못하는 결정적인 이유는 무엇인가? 그것은 다름 아닌 하나님의 의를 알지 못하기 때문이다.

우리가 하나님의 의를 체험할 때, 비로소 예수 그리스도 안에서 새로운 피조물이라는 사실을 경험할 수 있다. 내가 더 이상 하나님과 단절된 타락한 육적인 존재가 아니라 하나님과 교통하는 영적인 존재라는 자기 정체성을 회복하는 순간, 마음의 구습과 사탄의 참소와 거짓말은 그리스도 안에 있는 나에게 더 이상 영향력을 미치지 못하게 된다. 우리에게 하나님의 의에 대해서 가르쳐 주는 이 놀라운 복음은 오직 믿음을 통해서만 가능하다고 말하고 있다.

17 복음에는 하나님의 의가 나타나서 믿음으로 믿음에 이르게 하나니 기록된 바 오직 의인은 믿음으로 말미암아 살리라 함과 같으니라 롬 1:17

죄사함을 받은 것만으로는 이 땅에서 승리의 삶을 살 수 없음을 아는 것이 참으로 중요하다. 우리는 날마다 주의 영광 안으로 들어가야 하며, 하나님의 의가 되어야 한다. 하나님의 모든 권능이 하나님의 의, 즉 의로운 자를 통해서 나오기 때문이다.

예수님은 우리를 위해 십자가에서 죽으시고 부활 승천하셨다. 그분은 하나님으로부터 나서 친히 우리 안에 오심으로써 우리의 의가 되셨다(고전 1:30). 그리고 우리는 예수 그리스도 안에서 하나님의 의가 되었다(고후 5:21). 그럼에도 불구하고 우리는 자신이 누구인지 모르고 있다. 마치 아주 어릴 때 붙잡혀 철조망 안에서 키워진 원숭이처럼 생활하고 있는 것이다. 원숭이는 답답하고 좁은 우리로부터 벗어나기 위해서 수없이 철조망에 부딪히곤 했다. 그러나 고압 전류가 흐르는 철조망에 닿을 때마다 엄청난 고통을 감수해야 했기에 이내 잠잠하게 되었고, 우리에 갇힌 채 주인이 주는 밥을 받아먹는 삶에 점차 순응하게 되었다. 어느 날 경찰이 와서 전류를 차단하고 철조망 문을 열어 주며 원숭이를 다시 숲으로 되돌려 보내고자 했지만, 원숭이는 결코 문 밖으로 나가려고 하지 않았다. 왜냐하면 고압 전류로 인한 과거의 고통을 또다시 당하고 싶지 않고, 이미 익숙해진 우리 안이 주어진 삶의 전부라고 생각하기 때문이다.

14 자녀들은 혈과 육에 속하였으매 그도 또한 같은 모양으로 혈과 육을 함께 지니심은 죽음을 통하여 죽음의 세력을 잡은 자 곧 마귀를 멸하시며 **15** 또 죽기를 무서워하므로 한평생 매여 종 노릇 하는 모든 자들을 놓아 주려 하심이니 히 2:14-15

우리가 하나님의 의라는 사실을 모르기 때문에, 아니면 머리로는 알지만 그 의를 실제적으로 체험하거나 누리지 못하기 때문에, 하나님에 대한 관점이 왜곡되었다. 죄사함은 받았다고 고백하지만, 여전히 우리의 육신에서 작용하고 있는 죄의식은 우리로 하여금 타락한 존재로서 하나님 아버지를 바라보게 만들었다. 그 결과 그분을 두려운 존재, 다가갈 수 없는 분, 정죄하시는 분, 최선을 다해야 사랑을 주시는 분으로 오해하고, 자신은 무가치하고 불의하며 연약하고 믿음이 없는 인생으로 간주하는 것이다. 이것은 분명히 잘못된 신학적 관점이다.

> **17** 한 사람의 범죄로 말미암아 사망이 그 한 사람을 통하여 왕 노릇 하였은즉 더욱 은혜와 의의 선물을 넘치게 받는 자들은 한 분 예수 그리스도를 통하여 생명 안에서 왕 노릇 하리로다 롬 5:17

우리는 이 땅에 하나님의 의를 드러내는 자이다. 우리는 흔히 의에 대해서 말할 때 아버지와 자녀 사이의 합법적인 관계 또는 올바른 교제의 관점에서 하나님 아버지의 임재 앞에 죄책감이나 열등감 없이 설 수 있는 능력만을 생각한다. 그렇지만 의를 그리스도 안에서 이 세상에 대해 죄책감이나 열등감 없이 승리하며 살아가는 능력과 결부시키는 사람은 많지 않다.

왜냐하면 지금까지의 가르침은 이 땅에 도래한 하나님나라보다 죽고 난 뒤에 누리게 될 하나님나라에 더 많은 관심을 가져 왔기 때문이다. 따라서 우리 마음속에는 늘 하나님 앞에 나아가는 데 필요한 의만을 생각하려는 경향이 있다. 그러나 우리가 이 세상에서 주의 뜻대로 살아가는 데 있어서도 가장 필요한 것이 바로 하나님의 의라는 사실을 인식해야 한다.

예수 그리스도의 대속은 죄사함으로 인한 하나님과 우리의 관계 회복, 사탄의 모든 법적인 권리의 파괴뿐만 아니라 이 땅에서 의로운 삶의 실현도 포함하고 있다. 그러므로 우리가 사탄의 공격으로부터 해방되고 하나님과 교제하는 길이 열린 것에만 만족하며 살아가는 것은 우리의 삶을 너무나 소극적으로 규정하는 것이다. 하나님의 의에는 우리가 사탄을 물리치고 하나님의 뜻을 이루는 것까지도 포함된다. 하나님은 우리가 이 땅을 다스리도록 예수 그리스도를 통해서 우리의 죄를 사해 주시고 우리를 그분의 의로 부르셨는데, 예수 그리스도를 믿는 우리가 이 땅을 다스리기는커녕, 여전히 악한 영의 종 노릇만 하고 있다면 하나님이 얼마나 마음 아파하시겠는가?

part 1

복음 안에서
새로운
삶을 살라

이 주제와 관련된 손기철 장로의 집회 영상 보기
(QR코드 스캔 어플 설치 후 위의 QR코드를 찍어 보세요!)

One

나는 은혜로 구원받은 죄인인가 아니면 은혜로 구원받은 의인인가? 온탕과 냉탕을 왔다 갔다 하면 온탕에 들어갈 때는 뜨거움을 느끼고, 냉탕에 들어갈 때는 시원함을 느끼다가 나중에는 감각에 마비가 온다.

나는 오랫동안 이와 같은 신앙생활을 해왔다. 열심히 섬길 때는 의인이 되었다가 개인적인 일로 바빠지면 어김없이 죄인이 되었다. 나중에는 마비가 와서 내가 의인인지 죄인인지 분간이 되지 않았고, 큐티와 기도, 주일예배, 헌금, 순예배 참석 등을 하는 것만으로 자신을 의인이라 속이는 삶에 익숙해졌다. 그러다가 무언가 좋지 않은 일이 일어나거나 불안해지면 더 시간과 열심을 내었다. 결국 내 신앙적 기준은 내가 근본적으로 죄인의 삶을 사느냐 아니면 의인의 삶을 사느냐에 달려 있는 것이 아니라, 정해진 일들을 잘 해내느냐 못 해내느냐의 문제로 변질되고 말았다.

어느 날 성령님에 의해서 읽고 있던 말씀이 깨달아졌을 때, 매일의 삶 속에서 스스로를 죄인 취급하는 것이 바로 죄라는 사실을 알게 되었다. 즉, 나 자신을 죄인으로 만드는 것이 결코 겸손이 아니라 오히려 자기 죄를 교묘하게 숨기려는 교만임을 깨닫게 된 것이다. 마침내 나의 교만이 깨어지며 내가 '죄를 지을 수 있는 의인'이라는 진리를 알게 되었을 때, 나를 짓누르던 모든 억압이 일시에 사라졌다. 그 시원함과 가벼움이란 마치 구름 위를 산책하는 기분이었다. 은혜의 참 기쁨과 자유가 나타나지 않는 십자가의 도는 반쪽 복음일 뿐이다. 마찬가지로 죄에 대해 죽음이 없는 십자가의 도 역시 반쪽 복음의 비판으로부터 자유로울 수 없다.

1 왜 은혜 안에서 충만한 삶을 살지 못하는가?

예수님은 왜 십자가에서

죽으시고 부활하셨는가?

교회는 지금까지 이 땅에 도래한 하나님나라의 삶에 초점을 맞추기보다는 불신자를 구원하는 일에 관심과 노력을 기울여 왔다. 그 결과 수많은 사람이 교회로 모여 들었지만 언젠가부터 그들은 철새처럼 다시 떠나가고 있다. 교회가 이 땅에 도래한 하나님나라의 좋은 소식을 알리지도 않았고, 그 놀라운 복음의 실체를 보여 주지도 못했기 때문이 아닌가 싶다. 더욱이 우리 사회의 많은 부정적인 일들이 불신자뿐만 아니라 믿는 자들에 의해서도 동일하게 행해지는 것을 보면서 세상이 교회를 개탄하기에 이르렀다. 이제는 불신자들에게서 교회에 대한 관심이나 기대를 찾아보기

어렵게 되었다. 그들이 보기에 신자들의 삶이나 자신들의 삶이나 별반 차이가 없어 보이기 때문이다. 결과적으로 지금의 교회는 사회를 바꾸기는커녕 오히려 사회가 교회를 바꾸려는 안타까운 현실에 놓여 있다.

아직 교회 안에 남아 있는 신자들은 죽고 난 다음에 약속된 천국을 위해서 지금 이 땅의 어려움 가운데서도 인내하고 충성하며 살아야 한다고 배우고 있고 또 그렇게 전하고 있다. 더 노력하고 애를 쓰지만 적체된 피로감을 이기지 못하고 자괴감에 빠져들기도 한다. 신자들조차도 누리기보다는 지키기에 급급한 복음은 물질만능주의와 과학주의에 빠진 불신자들을 회개시키기에는 턱없이 부족해 보인다. 복음은 본질적으로 좋은 소식인데 더 이상 좋은 소식이 되지 못하고 있는 것이다.

예수님이 전하신 복음은 하나님나라의 복음인데, 언제부터인가 하나님나라와 복음이 분리되어 버렸다. 그 결과 예수 그리스도를 믿음으로 죄사함을 받고 교회에서 열심히 신앙생활하며 성경 말씀을 잘 지켜 행하면, 죽고 난 다음에 천국에 들어가서 영원한 안식을 누릴 수 있다는 것이 일반적인 복음이 되어 버렸다. 이것이 정말 온전한 복음일까?

우리는 지금까지 우리 자신에 대해서 긍정적인 말보다는 부정적인 말을 더 많이 들어 왔다. 예를 들어, 우리는 이미 우리 안에 있는 하나님의 놀라운 성품에 대해서보다는 우리가 얼마나 교만하고 무능하고 악한지에 대해서, 또 풍성함과 은혜를 누리는 하나님 자녀의 삶보다는 순종과 헌신으로 채워져야 하는 종의 삶에 대해서 더 많이 들었다. 더욱이 우리가 접하는 메시지의 대부분은 나쁘고 악하고 부정적인 것은 다 현재적으로, 선하고 풍성하고 아름답고 긍정적인 것은 모두 미래적으로 이야기하는 경향이 있다. 즉, 대부분의 선한 일과 좋은 일은 언젠가 우리가 죽고 난 후 천국에 가서나 이루어질 일이지, 현재 이 땅의 삶에서는 일어나지 않을 것이라고 생각하는 것이다. 실제로 우리가 사용하는 찬송가의 많은 부분이 그리스도의 대속으로 인한 온전한 삶을 죽음 이후 천국에서 이루어지는 것으로 기술하고 있다.

그래서 많은 성도들은 은혜를 누리며 기쁨으로 충만한 삶을 사는 것은 결코 현재 일이 될 수 없고, 지금 우리에게 필요한 것은 눈물 어린 헌신과 충성이라고 믿는다. 결국 우리 마음에는 늘 지금은 아니지만 언젠가 나의 신앙이 더 깊어진다면, 혹은 지금은 아니지만 내가 이 땅을 떠나 하나님 앞으로 가는 그날에는 의인이 될 것이고, 그때 하나님이 약속하신 모든 것이 이루어지리라는 생각이 지배하고 있다. 그러나 이 말은 내가 예수 그리스도를 믿지만 여전히 죄인일 뿐이며, 지금은 죄인이지만 언젠가는 의인이 될 수 있다는 것과 같은 뜻이다. 정말로 당신은 죽어서 세상을 떠날 때에라야 당신을 버릴 수 있고 하나님께서 당신에게 약속하신 모든 것을 누릴 수 있다고 믿는가? 그렇다면 당신은 예수님이 왜 죽으시고 부활하셨는지에 대해 깊이 생각해 본 적이 있는가? 예수님의 죽으심과 부활은 당신과 무슨 관계가 있는가? 예수님이 바로 당신을 위해서 죽으셨다는 사실을 어떻게 받아들이고 있는가?

당신은 내세에서 인정받고 온전한 삶을 살기 위해서 또는 이 땅에서 의인이 되기 위해서 지금 겸손하고 인내하며 사랑하고 절제해야 하는 것이 아니다. 성경 말씀은 당신이 더 이상 죄인이 아니라 이 땅에서 의인이 되었기 때문에 의인답게 살아가는 법을 가르쳐 주고 있다. 바로 그것을 위해서 예수님이 십자가에 못 박히셨다는 사실을 기억하는가? 당신이 그러한 삶을 살기 위해서 매일 옛 사람의 주체가 되었던 옛 자아를 부인하고 십자가에 못 박아야 하는 것을 아는가?

하나님의 축복은
지금인가, 미래인가?

예수님이 지신 십자가는 우리의 천국 생활만 보장하기 위한 것이 아니다. 우리로 하여금 이 땅에 도래한 하나님 나라에서 주의 뜻을 행하도록 하기 위함이기도 하다.

다음에 대해서 생각해 보라.

당신은 언제 풍성한 삶을 살게 되는가?

당신은 언제 하나님과 평화를 누릴 수 있는가?

당신은 언제 하나님의 축복을 받게 되는가?

당신은 언제 능력을 얻게 되는가?

만약 이 모든 일이 이 세상을 떠나 천국에 갔을 때 이루어지는 것이라면, 하나님께서 우리에게 이러한 축복을 주시기 위해서는 사망 권세를 가진 사탄의 도움을 받으셔야 한다는 모순에 빠지게 된다. 성경의 말씀을 다시 보라. 아래의 말씀은 현재에 대한 것인가? 아니면 지금은 아니지만 좀 더 거룩해진 다음 혹은 죽고 난 다음에 대한 것인가?

10 너희도 그 안에서 충만하여졌으니 그는 모든 통치자와 권세의 머리시라 골 2:10

37 그러나 이 모든 일에 우리를 사랑하시는 이로 말미암아 우리가 넉넉히 이기느니라 롬 8:37

13 내게 능력 주시는 자 안에서 내가 모든 것을 할 수 있느니라 빌 4:13

1 그러므로 이제 그리스도 예수 안에 있는 자에게는 결코 정죄함이 없나니 롬 8:1

1 그러므로 우리가 믿음으로 의롭다 하심을 받았으니 우리 주 예수 그리스도로 말미암아 하나님과 화평을 누리자 롬 5:1

57 우리 주 예수 그리스도로 말미암아 우리에게 승리를 주시는 하나님께 감사하노니 고전 15:57

27 평안을 너희에게 끼치노니 곧 나의 평안을 너희에게 주노라 내가 너희에게 주는 것은 세상이 주는 것과 같지 아니하니라 너희는 마음에 근심하지도 말고 두려워하지도 말라 요 14:27

23 교회는 그의 몸이니 만물 안에서 만물을 충만하게 하시는 이의 충만함이니라 엡 1:23

17 한 사람의 범죄로 말미암아 사망이 그 한 사람을 통하여 왕 노릇 하였은즉 더욱 은혜와 의의 선물을 넘치게 받는 자들은 한 분 예수 그리스도를 통하여 생명 안에서 왕 노릇 하리로다 롬 5:17

우리가 하나님 앞에서 거룩하고 흠이 없게 되는 것과 그분의 자녀가 되는 것은 죽고 난 다음 천국에서인가 아니면 지금인가? 약속의 말씀은 지금이라고 말한다.

17 그런즉 누구든지 그리스도 안에 있으면 새로운 피조물이라 이전 것은 지나갔으니 보라 새 것이 되었도다 고후 5:17

4 곧 창세 전에 그리스도 안에서 우리를 택하사 우리로 사랑 안에서 그 앞에 거룩하고 흠이 없게 하시려고 엡 1:4

21 전에 악한 행실로 멀리 떠나 마음으로 원수가 되었던 너희를 **22** 이제는 그의 육체의 죽음으로 말미암아 화목하게 하사 너희를 거룩하고 흠 없고 책망할 것이 없는 자로 그 앞에 세우고자 하셨으니 골 1:21-22

2 사랑하는 자들아 우리가 지금은 하나님의 자녀라 장래에 어떻게 될지는 아직 나타나지 아니하였으나 그가 나타나시면 우리가 그와 같을 줄을 아는 것은 그의 참모습 그대로 볼 것이기 때문이니 요일 3:2

왜 은혜를 누리지 못하는가?

우리는 자신을 은혜받기에 부적격한 자로 격하하는 데 익숙하다. 설령 하나님의 은혜로 인하여 놀라운 일들이 나중이 아니라 지금 일어난다 하더라도, 내 삶의 모습이 그분께서 말씀하신 기준에 못 미치기 때문에 나는 은혜를 받아 누릴 자격이 없다고 생각한다. 그러나 생각해 보라. 당신은 어떻게 구원을 받았는가? 은혜로 말미암아 오직 믿음으로 받았다. 당신은 공짜로 구원을 누리지만, 그 대가는 누가 치렀는가? 당신이 구원받을 자격이 없다고 생각한다면, 당신은 십자가의 공로를 무시하고 있는 것이다. 그것은 예수님이 당신을 위해 행하신 일을 전면 부인하는 것과 다름없다.

한편 그런 일들은 하나님과 깊은 교제를 나누는 특별한 사람에게 일어나는 것이지, 나처럼 평범한 사람과는 상관이 없다고 생각하는 경우도 있다. 당신이 예수 그리스도를 믿을 때 하나님의 자녀가 된다는 사실을 정말로 믿는가? 그렇다면 당신과 자녀들의 관계에 대해서 생각해 보라. 당신과 친밀한 관계를 지닌 자녀와 그렇지 못한 자녀가 있다고 가정해 보자. 친밀한 관계를 가지지 못한 자녀가 당신에게 존경을 표하며 당신에게 돌아올 때, 당신은 그 자녀를 위해서 최선을 다하지 않겠는가? 누가복음 15장에 나오는 돌아온 탕자의 이야기를 떠올려 보라.

우리는 예수 그리스도의 대속으로 말미암아 죄사함을 얻은 것을 믿는다. 그럼에도 불구하고 하나님께서 우리에게 주신 것을 누리지 못하도록 가로막고 있는 것이 무엇인지 아는가? 새롭게 된 당신의 정체성에 대한 믿음의 여부가 문제의 핵심이다. 잘 생각해 보라. 그러한 믿음이 성장하지 못하도록 당신의 마음속에서 당신을 붙들고 있는 것이 무엇인가? 바로 타락한 마음의 죄의식, 죄책감, 정죄감이다. 우리 안에 뿌리 내리고 있는 죄의식이 우리를 붙들고 있다는 사실을 알아야 한다.

하나님의 영이 계신 곳에 자유함이 있다. 그 자유는 무엇인가? 바로 우리를 결박하고 있는 죄의식으로부터의 자유다. 예수님께서 소유하셨던 놀라운 자유함 역시 본래부터 죄가 없으셨던 분이시기 때문에 죄의식으로부터의 자유함이었다. 이는 사탄의 권세로부터 벗어나는 것이다. 이 세상의 법칙에 묶여 있는 것이 아니라, 하나님나라의 법에 의해 지배당하는 것이다. 어둠 가운데 있는 것이 아니라 빛 가운데 거하는 것이다.

우리가 이와 같은 사실을 제대로 이해하지 못하고 있는 이유는 하나님나라와 그의 의를 제대로 알지 못하기 때문이다. 하나님나라의 관점에서 볼 때, 이러한 말씀은 시간적으로 내가 좀 더 성숙해지고 지혜로워질 때 이해될 수 있는 것이 아니라, 하나님나라의 도래로 인해 하늘에서 이미 이루어진 것이 지금 이 땅에서 이루어지는 것에 대한 말씀이다. 예수 그리스도 안에서의 새로운 삶은 죄사함을 받은 그리스도인이 더 열심히 믿고 노력할 때가 아니라, 하나님의 의를 체험한 자가 마음으로 믿어 의에 이르고 행동으로 그의 믿음을 나타내 보일 때 주어지는 것이다.

2 왜 새로운 삶이 필요한가?

다시

율법으로

회귀하고 있다

지금에 와서 생각해 보면, 교회가 부흥하고 성도수가 늘어나는 동안에는 죄와 거룩함에 대한 설교보다는 축복과 은혜, 전도와 교회 성장에 대한 메시지가 주를 이루었던 것이 사실이다. 그 결과로 시간이 지남에 따라 교회의 양적 성장과 대형화가 이루어졌다. 그러나 다른 한편으로는 교회가 점점 더 세속화되었고, 불신자들이 보기에 믿는 자들의 삶이 그들과 비교해서 아무런 차이도 느껴지지 않는 삶을 살기도 했다. 실제로 기독교의 영성과 삶의 윤리성 사이의 불균형, 교회 부흥과 사회개혁의 불균형, 복음의 약속과 실제 삶의 불균형 등은 기존의 많은 신자를 교회로부터 떠나게 만들었을 뿐 아니라, 불신자들이 그나마 가지고 있던 기대감을 허탈감과 분노로 바뀌게 만들었다.

이러한 위기 상황에서 교회는 최근 믿는 자들의 죄와 불경건한 삶, 세속화 문제 등에 대해서 강력하게 경고하고 있다.

많은 경우 교인들은 더 이상 죄 짓지 말고 거룩한 삶을 살아야 한다는 설교를 듣는다. 심지어 구약의 십계명을 강조하며 말씀을 그대로 지켜야 한다는 강력한 도전이 주어지기도 한다. 어쨌든 믿는 사람이 불신자들에 비해 윤리적으로, 도덕적으로 뛰어나야 한다는 것을 강조하고 있다. 그러나 문제는 그러한 설교가 잘못되었다거나 그렇게 살아야 한다는 것을 모르는 데 있는 것이 아니라, 그렇게 살고는 싶은데 살지 못한다는 데 있다.

지금 교회는 이러한 난제의 해결을 위해서 무엇을 어떻게 해야 하는가에 초점을 맞추고 교회가 할 수 있는 모든 노력을 경주하며 갖가지 효과적인 프로그램을 만들어 적용하고 있다. 그러나 그 결과는 행위 중심적인 율법주의 신앙과 종교의 영에 사로잡힌 삶으로 회귀하는 모양새다. 복음이 말하는 하나님나라와 그리스도 안에서 누리는 은혜의 삶에 대해서는 많이 말하지 않는다. 누군가 복음에 대해서 이야기하면 으레 값싼 은혜를 말한다는 비난이 뒤따른다. 그러나 이 모든 문제의 답은 성도에게 또다시 인간적인 헌신과 인내를 가르치는 것이 아니라, 그들로 하여금 하나님의 의를 이루어 진정한 은혜를 체험하도록 하는 데 있다.

초대교회 때 공존하던 두 부류의 삶을 예로 들어 생각해 보자. 유대 종교 지도자들인 바리새인과 서기관, 그리고 예수님의 제자들은 동시대에 살았고, 모두 하나님을 사랑하며 그분에 대한 열심이 있는 자들이었다. 신앙적으로 볼 때 전자는 구약적인 삶을 대표하는 반면, 후자는 신약적인 삶을 대표하고 있다.

예수님 당시 바리새인과 서기관은 하나님께서 율법을 주신 진정한 이유를 알지 못한 채, 자신들의 행위로 율법의 요구사항을 온전히 이룰 수 있다고 믿었다. 다시 말해서, 그들은 자신들의 행위(현재의 상태)로 자신들의 본질(정체성, 신분, 지위)을 바꿀 수 있다고 믿었다. 비록 지금은 자신의 본질이 죄인이지만, 육신의 노력 여하에 따라 의롭게 될 수 있다고 생각하는 것은 행위에 대한 보상을 주장하는 인과응보적 개념이다.

그러나 예수님의 제자들은 무엇을 전하고 가르쳤는가? 그들은 당시의 종교인들과는 정반대로 우리의 본질(정체성, 신분, 지위)이 우리의 노력과 행위가 아니라, 오직 은혜로 인하여 믿음으로 말미암아 변한다는 진리를 선포했다. 본질의 변화는 우리 자신에 의해서가 아니라, 믿음으로 말미암아 우리 안에 찾아오시는 하나님의 영 때문에 이루어진다는 것이다. 따라서 오직 믿음으로 의롭다 함을 얻게 되며(의인이 되며), 하나님 자녀가 되는 권세를 누리게 된다는 것이 복음의 약속이다. 사도들이 정말로 중요하게 여겼던 것은 어떻게 본질을 변화시킬 수 있는가의 문제가 아니라, 이 땅에 도래한 하나님나라에서 그분의 통치와 의를 구하는 자녀들의 삶에 대한 것이었다. 왜냐하면 본질의 변화는 구원에 따르는 순간적인 변화이기 때문에, 정말로 올바른 믿음을 가졌다면 그 사람은 이미 의인이 되었다. 그리고 성화의 삶(거룩한 삶, sanctified or holified life)은 이에 뒤따르는 지속적인 변화의 과정이다. 결국 사도들이 주장하는 것은 이 땅에서 거룩한 삶은 본질의 변화에 따른 결과이지, 현재 상태를 변화시키고자 하는 우리의 노력이나 행위의 산물이 아니라는 것이다.

이런 이야기를 들을 때 우리는 흔히 '그렇다면 율법을 지키지 않아도 좋다는 말인가?'라는 질문을 하게 된다. 구약의 가장 중요한 계명을 예를 들어 설명해 보자. 옛 계명(율법)은 우리에게 마음과 목숨과 뜻을 다하여 주 하나님을 사랑하며 이웃을 자신의 몸처럼 사랑하라고 명령한다. 문제는 우리의 마음은 원하지만 실제로 그렇게 할 수 없다는 것이다.

> **37** 예수께서 이르시되 네 마음을 다하고 목숨을 다하고 뜻을 다하여 주 너의 하나님을 사랑하라 하셨으니 **38** 이것이 크고 첫째 되는 계명이요 **39** 둘째도 그와 같으니 네 이웃을 네 자신과 같이 사랑하라 하셨으니 **40** 이 두 계명이 온 율법과 선지자의 강령이니라 마 22:37-40

반면에 예수님이 우리에게 주신 새 계명(새 언약)은 우리 안에 계신 그리스도께서 우리를 사랑하신 것같이 우리도 서로 사랑하라는 것이다. 우리가 먼저 주님의 놀라운 사랑을 체험했기 때문에 그 체험된 사랑의 힘으로 주님을 사랑하고 다른 사람을 사랑하라는 것이다.

34 새 계명을 너희에게 주노니 서로 사랑하라 내가 너희를 사랑한 것같이 너희도 서로 사랑하라 **35** 너희가 서로 사랑하면 이로써 모든 사람이 너희가 내 제자인 줄 알리라 요 13:34-35

12 내 계명은 곧 내가 너희를 사랑한 것같이 너희도 서로 사랑하라 하는 이것이니라 요 15:12

율법에서 행동의 주체는 우리이지만, 새 계명에 있어서 주체는 우리가 아니라 우리 안에 계신 예수 그리스도이시다. 그렇다고 하나님의 법이 변한다는 뜻은 아니다. 옛 계명과 새 계명이 따로 있는 것이 아니라, 하나님의 법은 동일한 것이다. 다만 옛 계명은 우리 안에 오신 예수 그리스도의 참 빛을 통하여 새롭게 해석되어야 하는 것이다. 이 차이를 분명히 알아야 한다. 사도들은 이 문제에 대해서 어떻게 이해하고 있는가? 우리가 하나님의 말씀을 이룰 수 있는 것은 바로 우리 안에 그리스도께서 계시기 때문이라고 말한다. 우리 안에 계신 이가 행하시는 대로 그리고 행하시는 만큼 우리도 행할 수 있다는 것이다.

5 누구든지 그의 말씀을 지키는 자는 하나님의 사랑이 참으로 그 속에서 온전하게 되었나니 이로써 우리가 그의 안에 있는 줄을 아노라 **6** 그의 안에 산다고 하는 자는 그가 행하시는 대로 자기도 행할지니라 **7** 사랑하는 자들아 내가 새 계명을 너희에게 쓰는 것이 아니라 너희가 처음부터 가진 옛 계명이니 이 옛 계명은 너희가 들은 바 말씀이거니와 **8** 다시 내가 너희에게 새 계명을 쓰노니 그에게와 너희에게도 참된 것이라 이는 어둠이 지나가고 참빛이 벌써 비침이니라 요일 2:5-8

거룩한 삶은 어떻게 가능한가?

내 안에 계신 그리스도(하나님의 신, 성령)에 대한 순종이 결정적으로 중요하다. 거룩한 삶은 내가 내 삶을 포기하는(그분에게 순종하는) 만큼 내 안(심령)에 계신 그리스도께서 나타나시기(나의 혼과 육을 다스리시는) 때문이다. 즉, 그분이 성전인 우리 안에서 친히 그분의 삶을 살아가시는 것이다. 오직 그리스도만이 그리스도인의 삶을 거룩하게 하신다. 그리스도인들이 필히 믿음으로 받아들여야 하는 진리는 우리가 의인이라는 사실이다. 정말이지 의인이 아니고서는 이 땅에서 거룩한 삶을 살 수 없다. 그런데 우리가 이것을 믿음으로 받아들이고자 할 때면 두 가지 문제에 직면하게 된다.

첫째는 스스로 의인이라고 믿기에는 자신의 삶이 너무나 초라하고 한심스럽다는 것이다. 둘째는 다른 사람들의 부정적인 견해다. 당신이 의인이라면 어떻게 그런 삶을 살 수 있는가? 어떻게 그런 죄를 지을 수 있는가? 어떻게 그런 거짓말을 할 수 있는가? 하나님의 자녀라면 삶이 왜 그 모양인가? 이러한 반문들 앞에서 불편함과 두려움을 느끼게 되는 것이다.

이와 같은 질문들에 답하기 위해서는 먼저 우리가 의롭게 되는 것이 오직 믿음을 통해서라는 사실과 함께 우리가 의인이 되었다는 것 자체가 우리의 현재 삶을 바꾸어 주는 것은 아니라는 점을 알아야 한다. 믿음으로 의인이 되었다는 것은 단지 현재의 삶을 바꿀 수 있는 준비가 되었다는 의미다. 왜냐하면 오직 의인만이 변화된 거룩한 삶을 살 수 있기 때문이다. 그러므로 우리가 이 땅에서 해야 할 일은 의인의 믿음으로 예수 그리스도께 순종하는 삶을 시험해 보는 것이다. 그리스도 안에 있는 영적 존재로서 새로운 육체의 삶을 경험하는 것이다. 이것이 바로 그리스도인의 신앙 여정이며, 은혜가 무엇인지를 알고 체험하고 누리는 삶의 실현이다.

4 육신을 따르지 않고 그 영을 따라 행하는 우리에게 율법의 요구가 이루어지게 하려 하심이니라 롬 8:4

실제 그리스도인들이 살아가는 모습을 살펴보자. 한 부류는 율법과 은혜의 진정한 차이를 모르기 때문에, 그들이 신앙생활 속에서 지켜야 한다고 생각하는 율법에 짓눌려 버린다. 아무리 생각해도 하나님의 모든 말씀을 제대로 지킬 수 없다는 판단으로 인해 스스로 본질의 변화를(의인이기를) 포기한다. 아예 율법에 대해 눈을 감아 버리고 자신이 원하는 말씀에만 귀 기울이는 신앙생활을 한다. 그 결과 너무나 이기적인 그리스도인들이 되고 만다.

그들은 자신이 믿지 않는 자들에 비해 윤리적으로 더 나은 삶을 살아야 한다는 생각조차 포기한 사람들이다. 그러다 문제가 생기면 비로소 자신의 처지에 해당하는 율법에 귀를 기울이고 그것을 지킴으로써 평안함을 누리고자 한다. 그들에게는 내면에서부터 말씀을 풀어 주시는 성령님의 음성을 듣는 것보다는 주어진 율법을 스스로 지키는 것이 훨씬 편안하고 안전하게 느껴진다.

하나님은 문제 상황을 통해서 자녀들이 변화되기를 원하시지만, 그들은 단지 율법만 준수함으로써 진정한 내면의 변화를 거부하고 있는 것이다. 마치 꿩이 궁지에 몰리면 풀숲에 머리만 처박고 온몸을 숨겼다고 생각하는 것과 같다. 반면에 문제가 지속될 경우 그들은 하나님의 말씀대로 행했음에도 불구하고 은혜의 하나님이 자신에게 관심을 보이지 않는다고 원망한다.

이러한 그리스도인들에게는 하나님의 자녀로서 무엇인가를 해야 한다는 거룩한 부담감이나 주의 뜻을 이루고자 하는 의욕이 없다. 그들에게 하나님은 오직 그들의 필요를 채워 주기 위해 존재하시는 분에 불과하다. 하나님의 섭리에 포함된 일부분으로 자신들이 존재하는 것이 아니라, 오히려 자신들의 섭리 속에서 하나님이 일부분으로 자리 잡고 있는 것이다. 그들은 하나님의 말씀을 듣기 위해서 집회나 세미나에 참석하는 것이 아니라 자신의 입맛에 맞는 말씀을 듣기 위해서 사방을 기웃거린다. 자신들을 변화시키기 위해서 존재하는 말씀을 자신들의 만족을 위해서 존재하는 말씀으로 착각하고 있다. 그들은 사복음서 외에 그들이 가장 애용하는 '제5복음서'인 '내가 복음'(각자가 자신의 입맛대로 만들어 내는 가상적인 복음서를 지칭)을 가지고 다닌다. 언제 어디서든지 '내가 복음'을 인용하고 적용하는 삶을 산다.

한편, 또 다른 부류는 믿는 자라면 비그리스도인들보다 도덕적으로 무엇인가 달라야 하고 더 거룩해야 한다고 생각한다. 그 때문에 고통받는 그리스도인들이 얼마나 많은가! 그렇지 못한 자신을 보며 한탄하고 절망하는가 하면, 다른 사람들이 보기에 거룩한 삶을 살기 위해서 자신을 속이며 그럴듯하게 꾸미는 이들이 얼마나 많은가! 우리가 바로 그런 세계관으로 세상을 대하고 바라보기 때문에, 세상도 우리를 동일한 태도로 대하는 것이다. 우리가 실제로 그 높은 기준에 도달하지 못할 때는 엄청난 비난이 쏟아지며, 우리 때문에 하나님이 모독을 받으시는 것이다.

23 율법을 자랑하는 네가 율법을 범함으로 하나님을 욕되게 하느냐 **24** 기록

된 바와 같이 하나님의 이름이 너희 때문에 이방인 중에서 모독을 받는도다
롬 2:23-24

진정한 그리스도인은 내 안에 계신 예수 그리스도를 떠나서는 자신이 최악의 인생, 괴수 중의 괴수라는 사실을 진정으로 통감하는 사람이다. 예수 그리스도를 믿지 않는 사람들 앞에서 "정말이지 예수님 없이는 내가 당신보다 못난 사람입니다. 나는 끊임없이 죄를 짓고 내 자신의 유익만을 생각하며 이생의 자랑으로 가득한 심히 부족한 인간입니다"라는 고백이 우리에게 항상 있어야 한다. 이것이 진정한 겸손이다.

내 안에 계신 그리스도를 빼놓는다면 우리가 불신자보다 나은 것이 무엇인가? 예수님 때문이 아니라 단지 교회에 다니기 때문에 그들보다 좀 더 인내하고 견디며 그렇지 않는 척하는 것이라면, 그들과 우리의 차이점은 무엇인가? 우리도 그들과 동일한 생각을 하고 동일한 태도를 취한다. 동일한 방법으로 동일한 시도를 한다. 동일한 말을 하고 동일하게 행동한다. 그런 우리가 그들에게 예수 그리스도를 전할 때, 우리를 향한 그들의 생각과 태도가 어떠한지에 대해서 진지하게 생각해 본 적이 있는가?

믿는 사람과 믿지 않는 사람의 차이는 과연 무엇인가? 오늘날 사탄은 이 문제에 대해서 너무나도 교묘하게 율법을 가지고 그리스도인들의 마음을 공략하고 있다. 또한 종교의 영에 사로잡힌 영적 지

도자들이 성도를 잘못된 길로 인도하고 있다. 믿는 자는 믿지 않는 자에 비해 윤리적으로나 도덕적으로 뛰어난 자가 아니다. 믿는 우리는 믿지 않는 그들과 똑같을 수밖에 없는 사람이지만, 예수님 없이는 죄악 가운데 살 수밖에 없다는 사실을 철저히 깨닫고 있는 사람들인 것뿐이다.

우리의 본질은 의롭게 변했지만, 우리는 여전히 예수 그리스도의 영으로 몸의 죄된 행실을 다스리는(성화되어 가는) 과정에 있는 하나님의 자녀일 뿐이다. 즉, 얼마든지 죄를 지을 수 있는 의인인 것이다. 내가 의인이기 때문에 죄를 지으면 안 된다는 바로 그 생각이 사탄에게 빌미를 주고, 율법으로 하여금 나를 사망으로 이끌게 만들 수 있다. 매일의 거룩한 삶이란 하나님의 은혜 아래서 내 안에 계신 그리스도의 통치와 나의 순종에 의해 이루어지는 결과(열매)일 뿐이지, 내가 그리스도인이기 때문에 스스로 노력하고 인내하고 수고해서 나타내 보여야 하는 과제(임무)가 아니다.

이 땅에 거하는 동안, 하루 24시간, 1년 365일 지속적으로 거룩한 삶을 살 수 있는 자가 어디 있겠는가? 우리의 본질은 의인이지만, 우리의 육과 혼은 여전히 죄인의 삶을 살 수 있다는 것이 현재 그리스도인들이 처한 실존적 상황이다. 그래서 우리에게는 매 순간 예수 그리스도와 생명적 교제, 즉 우리의 마음이 성령님의 통치함을 받음으로써 우리 안에 계신 예수님이 친히 우리를 통해 나타나시는 은혜의 역사가 필요한 것이다.

5 나는 포도나무요 너희는 가지라 그가 내 안에, 내가 그 안에 거하면 사람이 열매를 많이 맺나니 나를 떠나서는 너희가 아무것도 할 수 없음이라 요 15:5

죄를 짓지 않는 그리스도인이 있다면, 그 사람은 아마도 천사로 가장한 사탄일 것이다. 역사상 가장 위대한 하나님의 사람도 죄를 (그것도 많이) 지었다. 그가 예수 그리스도께 그 혼과 육을 드리지 않을 때는 죄 구덩이 안에서 살고 있는 것이다. 진정한 그리스도인의 삶이란 다름 아닌 날마다 성화되는 삶이다. 비록 육신적으로는 죄를 지을 수 있고 또 죄를 짓지만, 은혜로 말미암아 그리스도께서 그를 통하여 나타나시는 일이 잦아지는 삶을 사는 것이다. 그것은 자신 안에 계신 하나님의 나타나심으로 인하여 인간이 가질 수 없는 성품을 나타내고 인간이 할 수 없는 일들을 행하는 삶이다. 하나님에 의해서 삶의 목적이 변해 가고, 하나님 자신이 그의 영과 혼과 육을 통해 세상 속에 나타나시는 삶이다.

16 그러므로 우리가 낙심하지 아니하노니 우리의 겉사람은 낡아지나 우리의 속사람은 날로 새로워지도다 고후 4:16

3 율법은 무엇이고 복음은 무엇인가?

율법에 대한

바른 이해는

무엇인가?

        우리가 진정으로 하나님의 의를 깨닫고 의인의 삶을 살기 위해서는 율법이 무엇인지, 예수님께서 공생애 사역 동안 율법에 대해서 하신 말씀의 의미가 무엇인지 알아야 한다. 그리고 우리가 어떻게 행위 보상적인 삶의 방식에서 벗어나 자유할 수 있는지에 대해서 지식으로만 아는 것이 아니라 성령 안에서 진리의 실체를 체험해야 한다.

    하나님께서 주신 율법을 우리는 어떻게 제대로 이해하고 지킬 수 있을까? 우리는 성경을 통해서 율법에 대해 알 수 있다. 구약에는 율법과 이스라엘 백성의 삶에 대한 이야기가 나온다. 그러나 단지 구약만 보아서는 율법을 완전하게 이해할 수 없다. 왜냐하면 이스라엘 백성들은 율법을 온전히 지키지 못했기 때문이다. 율법의 실체를 보다 정확하게 알 수 있는 방법은 하나님의 주권을 대행하신 독생자 예수님이 친히 율법에 대해서 어떻게 말씀하셨는지 살펴보는 것이다. 실제로 예수님이 공생애 사역 동안 회당에서 천국 복음과 더불어 주로 가르치신 내용은 바로 율법과 선지자에 대한 것이었다.

17 내가 율법이나 선지자를 폐하러 온 줄로 생각하지 말라 폐하러 온 것이 아니요 완전하게 하려 함이라 마 5:17

17 율법은 모세로 말미암아 주어진 것이요 은혜와 진리는 예수 그리스도로 말미암아 온 것이라 요 1:17

16 율법과 선지자는 요한의 때까지요 그 후부터는 하나님나라의 복음이 전파되어 사람마다 그리로 침입하느니라 눅 16:16

44 또 이르시되 내가 너희와 함께 있을 때에 너희에게 말한 바 곧 모세의 율법과 선지자의 글과 시편에 나를 가리켜 기록된 모든 것이 이루어져야 하리라 한 말이 이것이라 하시고 눅 24:44

율법으로부터 자유로워지는 동시에 율법의 모든 요구를 실제적으로 이루는 삶을 살기 위해서는 하나님이 주신 율법의 참 의미와 예수님께서 율법에 대해서 말씀하신 내용, 그리고 그 율법을 따랐던 제자들이 성경에 기록한 내용을 올바른 관점에서 이해하는 것이 필요하다.

6 이제는 우리가 얽매였던 것에 대하여 죽었으므로 율법에서 벗어났으니 이러므로 우리가 영의 새로운 것으로 섬길 것이요 율법 조문의 묵은 것으로 아니할지니라 롬 7:6

4 육신을 따르지 않고 그 영을 따라 행하는 우리에게 율법의 요구가 이루어지게 하려 하심이니라 롬 8:4

율법을 제대로
이해하려면?

율법을 제대로 이해하기 위해서는 먼저 죄와 율법의 관계에 대해서 살펴보아야 한다. 왜냐하면 율법은 인간이 죄를 지음으로 인하여(하나님의 법을 어김으로 인하여) 주어진 것이기 때문이다.

19 그런즉 율법은 무엇이냐 범법하므로 더하여진 것이라 천사들을 통하여 한 중보자의 손으로 베푸신 것인데 약속하신 자손이 오시기까지 있을 것이라 갈 3:19

하나님께서는 율법이 생기기 430년 전에 아브라함과 은혜의 언약을 맺으셨다. 즉, 아브라함의 때에는 아직 율법이 없었기에, 그는 오직 은혜 가운데 살았다. 그러나 이스라엘 백성이 하나님께서 베푸신 은혜를 알지 못하고 계속해서 죄를 짓자, 은혜 위에 더해진 것이 바로 율법이다. 하나님은 출애굽한 이스라엘 백성이 시내 산에 도착했을 때 비로소 율법을 주셨다. 그러나 율법을 더하신 것이지, 은혜를 없애고 율법으로 대치하신 것은 아니었다. 이는 하나님께서 아브라함에게 약속하신 은혜가 여전히 유효하다는 것을 의미한다. 율법의 시대에도 하나님의 은혜는 계속해서 존재했다. 그것이 바로 하나님의 자비와 긍휼이다. 만약 하나님과의 관계에서 율법만 존재했다면 이스라엘은 완전히 멸망하고 말았을 것이다. 이스라엘 백성에게 십계명을 주시기 전에 하나님은 지난날 그분께서 행하신 모든 일을 생각해 보라고 말씀하신다. 모든 것이 하나님의 은혜로 이루어진 것임에도 불구하고, 그들이 하나님을 하나님으로 인정하지 않고 죄가 무엇인지도 알지 못하는 점을 지적하신 것이다.

3 모세가 하나님 앞에 올라가니 여호와께서 산에서 그를 불러 말씀하시되 너는 이같이 야곱의 집에 말하고 이스라엘 자손들에게 말하라 **4** 내가 애굽 사

람에게 어떻게 행하였음과 내가 어떻게 독수리 날개로 너희를 업어 내게로 인도하였음을 너희가 보았느니라 출 19:3-4

죄에 대한 다양한 설명 중에서 가장 본질적인 정의는 '과녁에서 벗어나는 것'(헬: 하마르티아, hamartia)일 것이다. 이는 하나님과 생명적 관계가 끊어짐으로써 우리가 본래 하나님이 의도하신 대로 살지 못하는 것을 의미한다. 그것은 하나님이 보시기에 불의한 것이다. 그분과 영적 관계가 끊어진 채 계속적으로 하나님의 영광 밖에서 그분의 뜻(법)을 어기며 살아가는 인간들에게 하나님은 모세라는 중보자를 통해서 율법을 주셨다. 율법은 하나님이 하나님의 본래 거룩한 뜻이 무엇인지를 알리고, 그들을 생명적인 관계로 돌이키기 위하여 (하나님 아버지와 그 백성의 관계를 유지하기 위하여) 이스라엘 민족에게 주신 것이다.

결국 율법이란 하나님의 말씀이자 영광이며 생명이다. 율법은 하나님의 성품 그 자체이기도 하다. 따라서 율법은 인간이 축복과 형통을 얻어 내기 위해 갖춰야 하는 조건이 아니다. 오히려 인간이 하나님의 생명 가운데 살게 하기 위해 하나님이 나타내 보여 주시는 하나님의 마음과 뜻이다. 율법은 그분의 영광과 생명이 무엇이며 우리가 지키고 행해야 할 것이 무엇인지를 알려 주는 삶의 가이드라인이다. 그런데 율법의 가장 큰 문제는 죄로 인해 타락한 우리가 하나님이 말씀하신 율법을 스스로 지킬 수 없다는 데 있다. 우리는 정말로 하나님이 만드신 법을 지키기 원하지만, 자존자의 삶으로는 율법을 지킬 수 없기에 늘 죄를 지으며 살아간다. 우리를 자유하게 하려고 주어진 율법이 인간에게 죄가 무엇인지를 알게 해주는 잣대로 변해 버린 것이다.

> **19** 우리가 알거니와 무릇 율법이 말하는 바는 율법 아래에 있는 자들에게 말하는 것이니 이는 모든 입을 막고 온 세상으로 하나님의 심판 아래에 있게 하려 함이라 **20** 그러므로 율법의 행위로 그의 앞에 의롭다 하심을 얻을 육체가 없나니 율법으로는 죄를 깨달음이니라 롬 3:19-20

사람들은 왜 율법의 본래 역할을 잊었는가?

바리새인들과 율법사들은 일반적으로 지금의 구약성경인 《타나크》(TaNaKh, 히브리어로 '율법서'와 '예언서'와 '성문서'라는 각 단어의 앞 글자를 조합한 명칭)와 그에 대한 해석을 집대성한 《탈무드》(Talmud)를 합쳐서 율법이라고 불렀는데, 이는 오늘날 유대교를 믿는 유대인들도 마찬가지다. 구약성경은 유대인들에게나 우리에게나 한 글자도 다름없이 동일하다. 그러나 그들이 율법과 동일하게 믿고 있는 탈무드는 장로들의 유전으로서 우리에게는 없는 것이다. 시내 산에서 모세가 성문 율법 외에 하나님으로부터 받은 구전 율법을 후에 글로 옮겨 놓았다는 탈무드는 기록된 율법을 지켜 행할 수 있도록 하나님께서 모세에게 말씀해 주신 구체적인 지침과 해석이 조상들의 구전으로 전해져 오다가 나중에 글로 적은 것이다.

역사적으로 볼 때 이스라엘 민족은 율법과 하나님의 관계에 있어서 크게 두 가지 잘못을 저지르게 되었다. 첫째는 그들이 율법을 통하여 하나님의 마음을 알고 그분의 뜻 안에서 살고자 하기보다는 단지 주어진 율법을 지킴으로써 (자신들의 행위를 통해서) 하나님으로부터 의롭다 함을 얻고자 했다는 것이다. 이것은 우리와 관계하시려는 하나님의 마음이 담긴 율법의 본질을 잊어버리고, 스스로 신적 요구 사항들을 지킴으로써 의롭게 되어 하나님의 축복(보상)을 얻어 내는 규례로 율법을 변질시킨 것이다. 다른 말로, 율법을 통해서 하나님의 뜻을 구하고 그분과 생명적인 관계를 열어 가는 대신, 그것을 단지 규례로 지키고자 했기에 율법은 화석화되고 말았다.

둘째는 그들이 율법을 정확하게 이해하고 잘 지키기 위해서 하나님의 뜻 자체보다는 전통적으로 내려오는 탈무드를 해석의 기준으로 삼았다는 것이다. 이것은 율법의 참 뜻을 왜곡시킨 것이다. 예수님 당시에도 율법학자들과 바리새인들은 율법을 탈무드를 기준으로 해석했는데, 예수님은 이렇게 율법의 본질이 왜곡되는 것을 강력하게 책망하셨다. 예수님은 하나님이 주신 성문 율법의 완전성과 구전 율법의 잘못된 적용을 지적하시는 동시에, 그분 자신으로 인하여 새롭게 이루어질 언약에 대해서 말씀하셨다.

율법에 대한 이와 같은 잘못된 접근은 결국 죄에 대한 이해까지도 변질시키고 말았다. 죄의 본질적인 의미는 하나님의 생명과 뜻에서 벗어나는 것인데, 이스라엘 민족은 율법을 지키지 않는 것이 죄라는 편협된 이해를 갖게 되었다. 그들은 하나님께서 그들에게 율법을 주셨기 때문에 율법을 지키는 것이 죄를 짓지 않는 것이고, 그것이 바로 하나님을 따르는 것이라고 생각했다. 그러나 이미 언급한 바와 같이 하나님과 생명적 관계를 갖는 것만이 죄로부터 벗어나는 길(죄를 짓지 않는 길)이기 때문에, 율법을 지킴으로써 죄를 짓지 않겠다는 생각은 심각한 오류가 아닐 수 없다.

49 율법을 알지 못하는 이 무리는 저주를 받은 자로다 요 7:49

바리새인들과 율법학자들의 기준에 따르면 율법을 지키지 않는 것이 죄이고 그런 사람은 죄인이 된다. 그러나 우리는 복음서에 기록된 예수님의 율법에 관한 말씀이 이러한 율법 이해와 정면으로 충돌하는 것을 본다. 율법을 바라보는 관점과 해석에 분명한 차이가 있는 것이다. 바리새인과 율법학자들이 죄를 판단하는 관점은 율법을 지키는가, 지키지 않는가에 집중되어 있다. 또 그 율법 해석의 기준은 자신들의 구전 율법인 탈무드다. 한편 예수님이 죄를 규정하시는 관점은 하나님과 생명적 관계에 있는가, 그렇지 않는가에 있으며, <u>율법의 의미를 해석하는 기준은 하나님의 뜻이다.</u> 사실 이러한 갈등은 당시 종교 지도자들이 예수님을 죽인 결정적인 이유 중 하나였다. 이러한 사실은 복음서의 여러 곳에 분명히 기록되어 있다.

> **18** 유대인들이 이로 말미암아 더욱 예수를 죽이고자 하니 이는 안식일을 범할 뿐만 아니라 하나님을 자기의 친아버지라 하여 자기를 하나님과 동등으로 삼으심이러라 요 5:18

율법에 대한 이상의 두 기준과 관점은 얼핏 보기에는 별 차이가 없는 것 같을지 모르지만, 실제로는 하늘과 땅만큼 큰 차이가 있다. 율법학자들과 바리새인들의 관점에서는 율법을 지키는 주체가 인간이고, 인간이 자기들이 제시하는 해석 기준에 따라 율법을 지킬 때 죄를 짓지 않음으로 의롭게 된다고 주장한다. 행위적으로 율법의 규정들을 지킴으로써 인간이 의롭게 된다고 생각하지만, 하나님의 관점에서 볼 때 그는 여전히 죄인이며 죄악 가운데 있을 뿐이다. 왜냐하면 그 마음이 하나님의 뜻에 일치되어 있지 않기 때문이다. 율법학자들과 바리새인들은 하나님께서 가장 싫어하시는 것이 바로 이 내적 불일치(불의)임을 알지 못했기에 예수님으로부터 신랄한 꾸지람을 들어야 했던 것이다.

이처럼 예수님 당시 유대 종교 지도자들이 가지고 있던 율법에 대한 태도를 한마디로 정의하면 그것은 인과응보에 기초한 행위 보상적 믿음(일에 대한 삯, 행위에 대한 보상이라는 인과적 태도나 기대)이다. 이것이 바로 유대교의 전통이며 특히 예수님 당시에 바리새인들과 서기관들이 지키고자 애썼던 삶의 방식이었다. 그러나 행위 보상적인 율법주의 신앙으로 자기 의를 추구하는 자들은 오히려 더 심각한 죄악 가운데 거하게 된다. 그들은 자신들이 죄인이라는 사실을 망각한 채 교만에 빠졌다. 하나님이 주신 율법(그분의 선물) 대신 율법 규정만을 붙들게 됨으로써 하나님을 율법 안에 가두고 스스로를 의롭다 여기게 된 것이다. 따라서 그들에게 의는 더 이상 하나님의 은혜가 아니라 자신의 노력과 행위로 쟁취한 자랑거리인 셈이다.

10 기록된 바 의인은 없나니 하나도 없으며 롬 3:10

2 내가 증언하노니 그들이 하나님께 열심이 있으나 올바른 지식을 따른 것이 아니니라 **3** 하나님의 의를 모르고 자기 의를 세우려고 힘써 하나님의 의에 복종하지 아니하였느니라 롬 10:2-3

그러나 예수님께서는 그들에게 두 가지 핵심적인 진리를 말씀해 주셨다. 첫째는 하나님께서 원하시는 진정한 율법은 바리새인들이나 서기관들이 지키고자 했던 행위법뿐만 아니라 우리 마음의 변화까지 요구하는 심령법도 포함하고 있다는 것이다. 둘째는 인간적인 노력이나 행위만으로는 율법을 이룰 수 없지만, 오직 그 율법의 약속이며 성취자이신 예수 그리스도를 믿을 때 그분께서 우리 안에 오셔서 친히 그 일을 이루신다는 것이다. 바로 이것이 새 언약의 핵심이다. 예수님은 율법의 참된 완성이 은혜로 말미암아 믿음으로 이루어진다는 진리를 2천여 년 전 그들에게, 그리고 오늘을 사는 우리에게도 말씀하시고 있다. 바리새인들과 율법사들의 귀에 들린 예수님의 가르침은 가히 혁명적이었다. 왜냐하면 그 말씀은 유대교의 전통적인 해석으로는 도무지 받아들일 수 없는 이상한 내용이었기 때문이다. 그러나 그 말씀에는 권세가 있었다.

> 28 예수께서 이 말씀을 마치시매 무리들이 그의 가르치심에 놀라니 29 이는 그 가르치시는 것이 권위 있는 자와 같고 그들의 서기관들과 같지 아니함일러라 마 7:28-29

예수님은 율법에 대해 어떻게 말씀하셨는가?

예수님의 관점은 인간이 본질적으로 타락한 죄인이기 때문에 율법을 지킬 수 없다는 것이다. 그러나 바리새인들은 자신들이 율법을 지키기 때문에 의롭다고 생각했다.

> 23 모든 사람이 죄를 범하였으매 하나님의 영광에 이르지 못하더니 롬 3:23

10 무릇 율법 행위에 속한 자들은 저주 아래에 있나니 기록된 바 누구든지 율법 책에 기록된 대로 모든 일을 항상 행하지 아니하는 자는 저주 아래에 있는 자라 하였음이라 **11** 또 하나님 앞에서 아무도 율법으로 말미암아 의롭게 되지 못할 것이 분명하니 이는 의인은 믿음으로 살리라 하였음이라 갈 3:10-11

본래 율법은 하나님의 생명과 뜻 안에 거하기 위해서 우리가 지켜야 할 하나님의 법이다. 만약 율법의 본질인 하나님과 생명적 관계성이나 하나님의 마음을 나타내는 뜻을 빼버린다면 화석화된 율법은 인간에게 죄를 범하게 하는 도구가 되는 동시에 인간을 정죄하는 기준으로 기능할 뿐이다. 예수님께서는 본질적 관점에서 율법을 무시하거나 거부하지 않으셨다. 오히려 그분은 자신이 오신 목적이 율법과 선지자를 완전케 하기 위함이라고 말씀하셨다.

17 내가 율법이나 선지자를 폐하러 온 줄로 생각하지 말라 폐하러 온 것이 아니요 완전하게 하려 함이라 마 5:17

그러므로 예수님께서 바리새인들을 비판하셨던 것은 그들이 율법을 무시하거나 지키지 않았기 때문이 아니라 율법 안에 있는 하나님의 마음을 알지 못하고 그분과의 생명적 관계를 저버렸기 때문이었다. 예수님이 전하신 복음적 관점에서는 율법을 지키는 주체가 인간이 아니라 바로 하나님의 아들이신 예수님 자신이며, 율법 외의

<u>한 의가 나타나서 예수 그리스도 안에서 죄사함을 받은 우리가 하나님의 의가 되는 것이다. 이것이 복음의 핵심이다.</u> 복음에는 율법을 이루거나 지킬 수 있는 방법이 나타난 것이 아니고, 하나님의 진정한 의가 나타난 것이다. 그것은 우리 스스로가 율법을 지킴으로 의롭게 되는 것이 아니라, 율법의 본질이신 예수 그리스도를 믿음으로 그분의 영이 우리 안에 오시기 때문에 우리가 그분 안에서 하나님의 의가 되는 것이다. 하나님의 의가 된다는 것은 우리가 하나님의 본질을 나타내는 존재가 되는 것이며, 본질적으로 죄를 지을 수 없는 존재가 되는 것을 의미한다.

17 복음에는 하나님의 의가 나타나서 믿음으로 믿음에 이르게 하나니 기록된 바 오직 의인은 믿음으로 말미암아 살리라 함과 같으니라 롬 1:17

21 이제는 율법 외에 하나님의 한 의가 나타났으니 율법과 선지자들에게 증거를 받은 것이라 롬 3:21

21 하나님이 죄를 알지도 못하신 이를 우리를 대신하여 죄로 삼으신 것은 우리로 하여금 그 안에서 하나님의 의가 되게 하려 하심이라 고후 5:21

9 하나님께로부터 난 자마다 죄를 짓지 아니하나니 이는 하나님의 씨가 그의 속에 거함이요 그도 범죄하지 못하는 것은 하나님께로부터 났음이라 요일 3:9

우리가 예수 그리스도 안에서 하나님의 의가 될 때, 우리는 더 이상 율법 아래 거하는 자가 아니라 하나님의 은혜 안에 거하는 자가 된다(롬 6:14). 따라서 우리가 예수 그리스도 안에 있을 때 죄에 대한 개념도 달라져야 한다. 더 이상 율법의 준수 여부에 따라 정죄받는 것이 아니라, 하나님과 생명적 관계에 있는지, 그리고 하나님의 마음 안에 있는지 없는지가 정죄의 기준인 것이다. 결국 하나님을 떠난 상태가 죄라고 말할 수 있다.

예수님은 인간 자신의 의로는 율법을 지킬 자가 아무도 없다는 것을 알려 주시기 위해서 율법 준수를 자부하던 바리새인들과 서기관들에게 율법을 온전히 지키는 것이 무엇인지(율법의 완전성)를 강조하신 한편, 예수님 자신으로 말미암아 이루어질 율법의 성취와 은혜에 대해서도 말씀하셨다. 반면 제자들, 특히 신약의 많은 부분을 기술한 사도 바울의 경우에는 은혜를 이미 체험하고 누리고 있는 관점에서 율법에 대해 회상하며 성경을 기록했다. 우리가 이러한 관점의 상관성을 이해하고 성경을 읽을 때, 예수님이 하신 말씀에서 행간의 뜻과 의도를 더 명확히 이해할 수 있다.

예수님은 시간과 공간의 제한을 초월하신 분으로서 구원 전의 율법적인 삶과 구원 후의 은혜의 삶이 무엇인지를 정확히 알고 계셨다. 그 때문에 예수님은 공생애 동안에 옛 언약(율법의 완전성)과 새 언약(은혜로 이루시는 법)에 대해 자유롭게 말씀하셨다. 그분이 하신 말씀의 궁극적인 초점은 새 언약과 그것을 어떻게 이루는지에 대한 것이지만, 예수님은 율법 아래 있는 자들에게 율법이 어떻게 왜곡되어 있으며 진정한 율법이 무엇인지를 상황에 따라 적절하게 설명해 주셨다. 율법에 대해서 말씀하실 때 예수님은 율법의 일점일획까지도 틀림없이 이루어져야 하기 때문에 온전히 지킬 것을 강력히 요구하셨다. 그러나 그 이면에는 율법을 지킬 수 있는 사람은 아무도 없다는 사실을 더욱 부각시키기 위한 가르침이 내포되어 있다. 우리는 이와 같은 예수님의 가르침의 패턴과 반어적 표현을 제대로 이해해야 한다. 따라서 예수님이 하신 말씀의 본래적인 뜻을 알기 위해서는 두 가지 기준을 분명히 해둘 필요가 있다.

첫째는 이 땅에서 옛 언약의 시효는 예수 그리스도의 공생애까지였고, 새 언약은 예수 그리스도의 십자가 사건으로부터 시작되어 오순절에 완성되었다는 사실이다. 둘째는 하나님께서 선포하시는 말씀을 성취해야 하는 주체가 누구인가에 대한 구분이다. 만약 우리 스스로가 지켜야 할 무언가에 대해서 이야기하고 있다면, 그것은 옛 언약적인 것이다. 그러나 내 안에 계신 그리스도로 인하여(내 마음에 율법을 기록하신 성령으로 말미암아) 이루어지는 약속이 관심의 대상이라면, 그것은 새 언약이다. 신약성경에 기록된 말씀 속에서도 옛 언약과 새 언약의 본질적인 차이를 제대로 이해하지 못한다면, 아무리 예수 그리스도를 믿고 신앙생활을 한다 해도 수시로 혼돈에 빠지고 진정한 자유함을 누리지 못하게 된다.

신약성경의 반 이상(13~14권)을 기록한 사도 바울은 예수님이 말씀하신 하나님나라의 은혜를 미래적으로 바라본 것이 아니라 이미 누리고 있는 성취로 바라보았다. 그리고 이러한 관점으로 그가 과거에 절대적으로 옳다고 여겼던 율법에 대해서 기록했다. 따라서 갈라디아서 2장 20장의 진리를 경험한 사도들에 의해서 기록된 성경의 말씀은 예수님이 (십자가를 지시고 보혜사 성령님을 보내 주시기 전인) 공생애 동안에 이스라엘 종교 지도자들과 나누신 대화(동시에 오늘날 우리에게 주시는 메시지)의 비밀을 푸는 열쇠가 된다.

15 오늘까지 모세의 글을 읽을 때에 수건이 그 마음을 덮었도다 **16** 그러나 언제든지 주께로 돌아가면 그 수건이 벗겨지리라 고후 3:15-16

1 그러므로 우리는 두려워할지니 그의 안식에 들어갈 약속이 남아 있을지라도 너희 중에는 혹 이르지 못할 자가 있을까 함이라 **2** 그들과 같이 우리도 복음 전함을 받은 자이나 들은 바 그 말씀이 그들에게 유익하지 못한 것은 듣는 자가 믿음과 결부시키지 아니함이라 히 4:1-2

6 그러면 거기에 들어갈 자들이 남아 있거니와 복음 전함을 먼저 받은 자들은 순종하지 아니함으로 말미암아 들어가지 못하였으므로 히 4:6

9 그런즉 안식할 때가 하나님의 백성에게 남아 있도다 **10** 이미 그의 안식에 들어간 자는 하나님이 자기의 일을 쉬심과 같이 그도 자기의 일을 쉬느니라

11 그러므로 우리가 저 안식에 들어가기를 힘쓸지니 이는 누구든지 저 순종하지 아니하는 본에 빠지지 않게 하려 함이라 히 4:9-11

중요한 사실은 우리가 신약성경을 읽을 때 그 속에 기록된 모든 말씀, 특히나 예수 그리스도께서 하신 모든 말씀이 무조건 새 언약 또는 은혜의 말씀이라고 생각해서는 안 된다는 것이다. 그 말씀이 율법의 완전성에 대한 말씀인지 아니면 하나님나라의 법에 대한 말씀인지를 구별할 줄 알아야 한다.

우선, 예수님이 하신 말씀을 예로 들어 보자.

27 또 간음하지 말라 하였다는 것을 너희가 들었으나 **28** 나는 너희에게 이르노니 음욕을 품고 여자를 보는 자마다 마음에 이미 간음하였느니라 **29** 만일 네 오른 눈이 너로 실족하게 하거든 빼어 내버리라 네 백체 중 하나가 없어지고 온몸이 지옥에 던져지지 않는 것이 유익하며 **30** 또한 만일 네 오른손이 너로 실족하게 하거든 찍어 내버리라 네 백체 중 하나가 없어지고 온몸이 지옥에 던져지지 않는 것이 유익하니라 마 5:27-30

6 누구든지 나를 믿는 이 작은 자 중 하나를 실족하게 하면 차라리 연자 맷돌이 그 목에 달려서 깊은 바다에 빠뜨려지는 것이 나으니라 **7** 실족하게 하는 일들이 있음으로 말미암아 세상에 화가 있도다 실족하게 하는 일이 없을 수는 없으나 실족하게 하는 그 사람에게는 화가 있도다 **8** 만일 네 손이나 네 발

이 너를 범죄하게 하거든 찍어 내버리라 장애인이나 다리 저는 자로 영생에 들어가는 것이 두 손과 두 발을 가지고 영원한 불에 던져지는 것보다 나으니라 9 만일 네 눈이 너를 범죄하게 하거든 빼어 내버리라 한 눈으로 영생에 들어가는 것이 두 눈을 가지고 지옥 불에 던져지는 것보다 나으니라 마 18:6-9

우리는 이 말씀들을 어떻게 이해해야 하는가? 예수님께서 하신 말씀이니(신약에 기록된 말씀이니) 반드시 지켜야 하지 않겠는가? 그러나 누가 여기에 언급된 죄로부터 벗어날 수 있겠는가? 예수님께서 하신 이 말씀은 실제로는 아무도 지킬 수 없는 율법이다. 만약 이 말씀대로 행한다면 우리는 우리 신체의 대부분을 잘라 내야 할 것이다. 이 구절은 율법의 완전성이 무엇인지를 극단적으로 보여 주는 예다. 즉, 온전하게 이해된 율법은 단지 우리의 행위와 관련된 외적인 법만이 아니라 마음의 변화를 명하는 심령법까지도 포함하고 있다는 것이다. 그러므로 예수님은 새 언약의 절대적인 필요성을 나타내기 위한 전초로서 율법의 완전성을 강조하신 것이다.

2 내가 증언하노니 그들이 하나님께 열심이 있으나 올바른 지식을 따른 것이 아니니라 3 하나님의 의를 모르고 자기 의를 세우려고 힘써 하나님의 의에 복종하지 아니하였느니라 4 그리스도는 모든 믿는 자에게 의를 이루기 위하여 율법의 마침이 되시니라 롬 10:2-4

다른 예로써, 마태복음의 산상수훈에 대해서 알아보자.

2 입을 열어 가르쳐 이르시되 **3** 심령이 가난한 자는 복이 있나니 천국이 그들의 것임이요 **4** 애통하는 자는 복이 있나니 그들이 위로를 받을 것임이요 **5** 온유한 자는 복이 있나니 그들이 땅을 기업으로 받을 것임이요 **6** 의에 주리고 목마른 자는 복이 있나니 그들이 배부를 것임이요 **7** 긍휼히 여기는 자는 복이 있나니 그들이 긍휼히 여김을 받을 것임이요 **8** 마음이 청결한 자는 복이 있나니 그들이 하나님을 볼 것임이요 **9** 화평하게 하는 자는 복이 있나니 그들이 하나님의 아들이라 일컬음을 받을 것임이요 **10** 의를 위하여 박해를 받은 자는 복이 있나니 천국이 그들의 것임이라 마 5:2-10

이 산상수훈을 지키는 주체는 누구인가? 하나님인가 아니면 인간인가? 분명히 인간이다. 그렇다면 누가 이 산상수훈을 지킴으로써 팔복을 누릴 수 있다는 말인가? 단언컨대 이 세상에는 자신의 노력이나 행위로 이 말씀을 지켜 복을 얻을 자가 아무도 없다. 성경을 통해 발견한 것 중에서 가장 놀라운 사실은 인간적으로 볼 때 예수님이 전혀 불가능한 것을 요구하시는 것처럼 보인다는 점이다. 실제로 산상수훈은 은혜의 말씀이 아니라 율법의 최고봉과 같다.

더 놀라운 사실은 성경의 다른 곳에는 정반대의 말씀이 기록되어 있다는 것이다. 예수님이 말씀하신 엄격한 조건들을 이행하지 않아도 단지 믿음으로 우리가 이미 하나님의 자녀가 되었고, 의롭게 된

자(의인)라고 불리는 것이다. 또한 약속하신 모든 것이 이미 우리에게 주어졌다고 선포하고 있다.

32 적은 무리여 무서워 말라 너희 아버지께서 그 나라를 너희에게 주시기를 기뻐하시느니라 눅 12:32

12 영접하는 자 곧 그 이름을 믿는 자들에게는 하나님의 자녀가 되는 권세를 주셨으니 요 1:12

30 너희는 하나님으로부터 나서 그리스도 예수 안에 있고 예수는 하나님으로부터 나와서 우리에게 지혜와 의로움과 거룩함과 구원함이 되셨으니 고전 1:30

1 그러므로 우리가 믿음으로 의롭다 하심을 받았으니 우리 주 예수 그리스도로 말미암아 하나님과 화평을 누리자 롬 5:1

3 찬송하리로다 하나님 곧 우리 주 예수 그리스도의 아버지께서 그리스도 안에서 하늘에 속한 모든 신령한 복을 우리에게 주시되 엡 1:3

3 그의 신기한 능력으로 생명과 경건에 속한 모든 것을 우리에게 주셨으니 이는 자기의 영광과 덕으로써 우리를 부르신 이를 앎으로 말미암음이라 벧후 1:3

19 나의 하나님이 그리스도 예수 안에서 영광 가운데 그 풍성한 대로 너희 모든 쓸 것을 채우시리라 빌 4:19

예수님은 하나님나라가 이미 우리 안에 있다고 말씀하셨다. 그렇다면 우리가 정말로 알아야 하고 가르쳐야 하는 것은 무엇인가? 우리는 산상수훈에 대한 말씀을 많이 듣지만 이 수훈을 지킬 수 있는 사람은 아무도 없다는 사실은 말해 주지 않는다. 강단에서는 이 가르침이 예수님의 말씀이므로 반드시 지켜야 한다는 선포만 울려 퍼질 뿐이다. 그렇다면 그것이 바로 율법(옛 언약)을 지키라고 강요하는 것이 아니고 무엇인가? 가르치는 자도 지키지 못하는 것을 성도에게 강요하는 것은 소경이 소경을 인도하는 것과 다를 바 없다.

39 또 비유로 말씀하시되 맹인이 맹인을 인도할 수 있느냐 둘이 다 구덩이에 빠지지 아니하겠느냐 눅 6:39

또 다른 예를 들어 보자. 마태복음 6장 14-15절과 18장 35절의 말씀은 예수님께서 율법의 완전성을 염두에 두고 하신 말씀이다.

14 너희가 사람의 잘못을 용서하면 너희 하늘 아버지께서도 너희 잘못을 용서하시려니와 **15** 너희가 사람의 잘못을 용서하지 아니하면 너희 아버지께서도 너희 잘못을 용서하지 아니하시리라 마 6:14-15

35 너희가 각각 마음으로부터 형제를 용서하지 아니하면 나의 하늘 아버지께서도 너희에게 이와 같이 하시리라 마 18:35

이제 이 말씀이 사도 바울이 대변하는 은혜의 관점에서 어떻게 선포되는지를 살펴보라.

32 서로 친절하게 하며 불쌍히 여기며 서로 용서하기를 하나님이 그리스도 안에서 너희를 용서하심과 같이 하라 엡 4:32

13 누가 누구에게 불만이 있거든 서로 용납하여 피차 용서하되 주께서 너희를 용서하신 것같이 너희도 그리하고 골 3:13

복음서에는 이러한 예가 아주 많다. 거듭 강조하지만, 예수님이 말씀하시고자 하는 내면의 참뜻을 분명히 이해해야 한다. 그렇지 않으면 구약시대에 바리새인들과 율법사들이 자신들의 인간적인 의로 하나님을 힘써 거역한 것처럼(롬 10:2-3) 은혜의 시대에 사는 우리도 예수님의 말씀을 왜곡함으로써 힘써 하나님을 거역하는 삶을 살게 된다.

율법의 완전성과
복음의 비밀

앞서 언급한 것처럼 예수님의 말씀 중 상당 부분은 우리가 절대로 지킬 수 없는 율법의 진수가 무엇인지를 보여 주심으로써 우리를 절망의 구렁텅이로 몰아넣는다. 그러나 그러한 절대 절망은 왜 복음이 필요한가에 대한 명확한 답이 되며 복음의 진정한 가치가 태양처럼 빛나게 만든다. 예수님은 절망의 나락에 있는 우리에게 생명의 새 길을 보여 주신다. 그 핵심은 오직 길이요 진리요 생명이신 그분을 통해서 새 언약의 약속이 이루어진다는 복음의 선언이다.

예수님의 말씀에서 중요한 또 하나의 관점이 있다. 그것은 아직 예수께서 십자가에 못 박혀 죽으시고 부활하셔서 보혜사 성령님을 보내 주시지 않은 상태였지만, 장차 자신에 의해서 이루어질 하나님 나라의 관점에서 말씀을 가르치고 선포하셨다는 것이다. 따라서 그분이 죽으시고 부활 승천하심으로 보혜사 성령님이 우리 안에 찾아오실 때 이 땅에 이루어질 하나님나라의 관점으로 말씀을 해석해야 한다.

17 내가 율법이나 선지자를 폐하러 온 줄로 생각지 말라 폐하러 온 것이 아니요 완전하게 하려 함이라 **18** 진실로 너희에게 이르노니 천지가 없어지기 전에는 율법의 일점일획도 결코 없어지지 아니하고 다 이루리라 마 5:17-18

예수님은 자신이 율법을 폐하려고 오신 것이 아니라 완전케 하려고 오셨으며, 율법의 모든 것이 하나도 남김없이 다 이루어진다는 진리를 강조하셨다. 이것은 참으로 놀라운 말씀이 아닐 수 없다. 어떻게 율법이 이 땅에서 온전히 이루어질 수 있을까? 이 질문에 대한 답은 이미 선지자들의 예언을 통해서 주어졌다. 예수님 자신이 바로 그 일(율법의 성취)을 위해서 이 땅에 오신 것이다. 이 말씀의 비밀은 인간의 죄로 말미암아 인간에게서 떠나가신 여호와의 신(영)에 있으며, 다른 의미에서는 율법을 지키는 진정한 주체와 관련되어 있다. 만약 구약에서처럼 우리 자신이 하나님의 율법을 지키는 주체여야 한다면, 그것을 지킬 수 있는 사람은 아무도 없다. 그러나 하나님의 법을 지키는 주체가 더 이상 우리가 아니라 내 안에 계신 그리스도시라면, 그 율법은 이제 그분에 의해서 완성될 것이다. 구약의 선지자들은 바로 이 사실을 예언한 것이다. 다음의 말씀을 다시 보라.

31 여호와의 말씀이니라 보라 날이 이르리니 내가 이스라엘 집과 유다 집에 새 언약을 맺으리라 **32** 이 언약은 내가 그들의 조상들의 손을 잡고 애굽 땅에서 인도하여 내던 날에 맺은 것과 같지 아니할 것은 내가 그들의 남편이 되었어도 그들이 내 언약을 깨뜨렸음이라 여호와의 말씀이니라 **33 그러나 그날 후에 내가 이스라엘 집과 맺을 언약은 이러하니 곧 내가 나의 법을 그들의 속에 두며 그들의 마음에 기록하여 나는 그들의 하나님이 되고 그들은 내 백성이 될 것이라 여호와의 말씀이니라** 렘 31:31-33

26 또 새 영을 너희 속에 두고 새 마음을 너희에게 주되 너희 육신에서 굳은 마음을 제거하고 부드러운 마음을 줄 것이며 **27 또 내 영을 너희 속에 두어** 너희로 내 율례를 행하게 하리니 너희가 내 규례를 지켜 행할지라 겔 36:26-27

예수님은 부자 청년과의 대화에서도 율법의 완전성에 대해서 말씀하셨다.

16 어떤 사람이 주께 와서 이르되 선생님이여 내가 무슨 선한 일을 하여야 영생을 얻으리이까 **17** 예수께서 이르시되 어찌하여 선한 일을 내게 묻느냐 선한 이는 오직 한 분이시니라 네가 생명에 들어가려면 계명들을 지키라 마 19:16-17

예수님은 하나님의 생명(영생)을 얻기 위해서는 계명을 지켜야 한다고 말씀하셨다. 이에 청년은 유대법에 의거해서 자신이 계명을 잘 지켰다고 대답했고, 그런 그에게 예수님은 더 큰 계명의 준수를 요구하셨다. 즉, 피조 세계의 모든 것이 하나님의 것이니 자신의 소유를 포기하고 예수님을 따르라고 명하신 것이다. 그러자 청년은 영생을 얻는 것을 포기하고 말았다. 옆에서 듣고 있던 제자들은 예수님의 요구가 너무나도 엄청나서 그 말씀을 충족시킬 자가 이 세상에 아무도 없다는 생각이 들었다. 그래서 두려운 마음으로 예수님께 여쭈었다.

25 제자들이 듣고 몹시 놀라 이르되 그렇다면 누가 구원을 얻을 수 있으리이까 마 19:25

참으로 놀라운 사실은 이 질문에 대해 예수님이 구원을 얻는 것이 인간적으로는 불가능하다고 단언하셨다는 것이다. 그렇다면 어떻게 영생을 얻을 수 있는가? 예수님은 그것이 하나님에 의해서 이루어진다고 대답하셨다. 이 말씀은 당시에는 아직 때가 되지 않았으나, 그날(오순절) 이후에 우리 안에 오실 성령님에 의해서만 이루어질 수 있는 하나님의 역사를 염두에 둔 것이었다.

26 예수께서 그들을 보시며 이르시되 사람으로는 할 수 없으나 하나님으로서는 다 하실 수 있느니라(Humanly speaking, it is impossible, but with God everything is possible, NLT) 마 19:26

이 말씀의 성취에 대해서 히브리서의 기자는 다음과 같이 말하고 있다.

8 그들의 잘못을 지적하여 말씀하시되 주께서 이르시되 **볼지어다 날이 이르리니 내가 이스라엘 집과 유다 집과 더불어 새 언약을 맺으리라** **9** 또 주께서 이르시기를 이 언약은 내가 그들의 열조의 손을 잡고 애굽 땅에서 인도하여 내던 날에 그들과 맺은 언약과 같지 아니하도다 그들은 내 언약 안에 머물러

있지 아니하므로 내가 그들을 돌보지 아니하였노라 10 또 주께서 이르시되 그날 후에 내가 이스라엘 집과 맺을 언약은 이것이니 **내 법을 그들의 생각에 두고 그들의 마음에 이것을 기록하리라** 나는 그들에게 하나님이 되고 그들은 내게 백성이 되리라 히 8:8-10

16 주께서 이르시되 그날 후로는 그들과 맺을 언약이 이것이라 하시고 내 법을 그들의 마음에 두고 그들의 생각에 기록하리라 하신 후에 히 10:16

갈라디아서에서 사도 바울도 이 만세의 비밀에 대해서 다음과 같이 기술하고 있다.

24 나는 이제 너희를 위하여 받는 괴로움을 기뻐하고 그리스도의 남은 고난을 그의 몸된 교회를 위하여 내 육체에 채우노라 25 내가 교회의 일꾼 된 것은 하나님이 너희를 위하여 내게 주신 직분을 따라 하나님의 말씀을 이루려 함이니라 26 이 비밀은 만세와 만대로부터 감추어졌던 것인데 이제는 그의 성도들에게 나타났고 27 하나님이 그들로 하여금 이 비밀의 영광이 이방인 가운데 얼마나 풍성한지를 알게 하려 하심이라 이 비밀은 너희 안에 계신 그리스도시니 곧 영광의 소망이니라 골 1:24-27

결국 하나님의 영광, 하나님의 생명, 그리고 하나님의 법이신 예수 그리스도께서 친히 우리 안에 오신다는 것이다. 이것이 바로 옛 언약과 새 언약의 본질적인 차이다. 율법은 하나님의 말씀이기 때문에 영원히 변하지 않으며 변할 수도 없다. 그러나 그 법을 지킬 수 있는 주체는 인간 자신이 아니다. 새 언약에서는 하나님의 법이신 그분이 친히 우리 안에 오셔서 그 법을 우리 마음에 기록하신다. 따라서 이제부터 그 법은 우리가 지켜야 할 계명이 아니라, 우리 안에서 그분이 친히 이루시는 약속이 되는 것이다.

15 오늘까지 모세의 글을 읽을 때에 **수건이 그 마음을 덮었도다 16** 그러나 **언제든지 주께로 돌아가면 그 수건이 벗겨지리라** 고후 3:15-16

예수님이 율법의 완전성에 대해서 강조하신 것은 하나님의 생명으로부터 끊어진 어떤 인간도 율법을 온전히 지킬 수 없다는 사실을 강조하기 위함이다. 예수님이 사복음서에서 말씀하신 하나님나라의 법은 이미 예수 그리스도 안에 있는 의인들만이 누릴 수 있는 은혜이지, 하나님과 영적으로 단절되어 있는 죄인들에게 주어진 것이 아니다. 율법은 하나님과 영적인 관계가 끊어진 인간들이 지켜야 할 법도를 가리키지만, 은혜는 하나님과 영적으로 연결된 인간들이 누려야 할 삶을 의미한다. 율법은 인간이 지켜야 할 도리다. 그러나 어떤 인간도 지킬 수 없기 때문에 율법은 죄의 실체를 드러내는 지표이기도 하다. 반면 은혜는 하나님 안에서 누리는 축복을 말한다.

결국, 예수님이 말씀하신 메시지의 두 축은 율법에 관한 것과 하나님나라의 법에 관한 것이지만 누구도 율법을 지킴으로 의인이 될 수 없고, 하나님나라의 법도 죽어 천국 가지 않고는 맛볼 수 없는 것처럼 보인다. 죄사함은 받았지만 내 안에 계신 그리스도를 알지 못하는 자에게는 둘 다 불가능하게 여겨질 뿐이다. 해답은 오직 내 안에 계신 그리스도이시다. 율법은 죽을 수밖에 없는 죄인들에게 전해지는 메시지요, 하나님나라의 복음은 구원받은(을) 의인들에게 선포되는 메시지인 것이다.

예수님의 새 언약은
구약의 율법을
완전하게 하셨다

예수님이 말씀하신 새 언약은 하나님의 은혜(용서와 사랑)로 말미암는 마음의 변화에서 시작되는 법이다. 이 새 언약은 하나님의 말씀인 구약의 율법을 폐하는 것이 아니라 오히려 완전케 한다. 왜냐하면 구약의 율법은 인간이 지켜야 할 계명으로 다가왔지만, 신약의 법은 인간 자신이 아니라 우리 안에 오신 그리스도께서 이루시는 약속이기 때문이다. 그리고 이 약속은 이 땅에 도래한 하나님나라에서 하나님의 백성에 의해서만 이루어진다. 이것이 바로 하나님나라의 복음인 것이다. 다시 말하면 먼저 회개하여 죄사함을 받고 하나님나라의 백성(의인)이 되지 않고는 누구도 이 율법을 지킬 수 없다는 것이다.

　예수님은 이러한 새 언약의 진리를 바리새인들과 서기관들에게 비유적으로 말씀해 주셨다. 무엇보다도 그분이 말씀을 시작할 때 천국(하나님나라)이라는 단어를 사용하셨다는 점에 주의해 보라. 새 언약은 하나님나라의 백성에게 주시는 말씀이지, 죄인들에게 해당되는 말씀이 아니다. 죄인들에게는 먼저 예수 그리스도를 통한 죄사함, 즉 구원이 필요한 것이다. 그분이 이 땅에 오셔서 전하신 첫 번째 메시지를 기억하라. 그것은 '회개하라 천국이 가까이 왔다'는 선포였다. 이 말씀은 '누구든지 회개하면 하나님나라에 들어갈 수 있다' 또는 '회개하고 하나님나라에 들어와서 풍성한 삶을 살라'는 초청이다. 이것이 바로 하나님나라의 복음이다. 죄인에게는 반드시 회개가 필요하며, 회개한 자만이 하나님나라에서 풍성한 삶을 누릴 수 있다.

　예수님이 비유를 말씀하실 때 '천국은~'이라고 말씀하신 이유는 (율법의 완전성에 대해 무지한) 바리새인들에게 그들이 믿고 따르는 유대법이 아니라, 예수님이 주시고자 하는 새 언약(그분으로 인하여 하나님나라에서 그 백성만이 이룰 수 있는 법)이 어떠하다는 것을 말씀하시기 위함이다. 새 언약과 하나님나라는 어떤 관계인가? 새 언약의 핵심은 내 안에 계신 그리스도이시며, 그분의 통치주권이 회복된 곳이 바로 하나님나라다. 우리가 예수 그리스도 안에서 죄사함을 받고 성령충만한 삶을 살 때 우리가 바로 그 나라이며 백성인 것이다.

마태복음 20장에서 포도원 품꾼의 삶에 대한 예수님의 비유를 생각해 보라. 여기서 예수님은 이 땅에 도래한 하나님나라에서 삶의 방식은 일에 대한 삯의 개념이 아니라, 하나님 아버지의 은혜에 기초한다는 것을 분명히 보여 주신다.

1 천국은 마치 품꾼을 얻어 포도원에 들여보내려고 이른 아침에 나간 집 주인과 같으니 2 그가 하루 한 데나리온씩 품꾼들과 약속하여 포도원에 들여보내고 3 또 제삼 시에 나가 보니 장터에 놀고 서 있는 사람들이 또 있는지라 4 그들에게 이르되 너희도 포도원에 들어가라 내가 너희에게 상당하게 주리라 하니 그들이 가고 5 제육 시와 제구 시에 또 나가 그와 같이 하고 6 제십일 시에도 나가 보니 서 있는 사람들이 또 있는지라 이르되 너희는 어찌하여 종일토록 놀고 여기 서 있느냐 7 이르되 우리를 품꾼으로 쓰는 이가 없음이니이다 이르되 너희도 포도원에 들어가라 하니라 8 저물매 포도원 주인이 청지기에게 이르되 품꾼들을 불러 나중 온 자로부터 시작하여 먼저 온 자까지 삯을 주라 하니 9 제십일 시에 온 자들이 와서 한 데나리온씩을 받거늘 10 먼저 온 자들이 와서 더 받을 줄 알았더니 그들도 한 데나리온씩 받은지라 11 받은 후 집 주인을 원망하여 이르되 12 나중 온 이 사람들은 한 시간밖에 일하지 아니하였거늘 그들을 종일 수고하며 더위를 견딘 우리와 같게 하였나이다 13 주인이 그중의 한 사람에게 대답하여 이르되 친구여 내가 네게 잘못한 것이 없노라 네가 나와 한 데나리온의 약속을 하지 아니하였느냐 14 네 것이나 가지고 가라 나중 온 이 사람에게 너와 같이 주는 것이 내 뜻이니라 15 내 것을 가

지고 내 뜻대로 할 것이 아니냐 내가 선하므로 네가 악하게 보느냐 마 20:1-15

마지막 15절의 말씀은 생명나무의 열매를 먹는 자와 선과 악을 아는 나무의 열매를 먹는 자의 관점을 극명하게 대비시키고 있다. 우리가 죄를 지은 것은 선과 악을 아는 나무의 열매를 먹은 것 때문인데, 하나님을 율법적으로 믿는 자는 여전히 그 열매를 먹으며 (하나님으로부터 분리된) 자존자적인 관점으로 하나님을 대적하고 있다. 얼마나 무서운 일인가? 하나님의 의라는 관점에서 이 세상을 바라보는 것과 인간 자신이 생각하는 선과 악의 관점에서 이 세상을 바라보는 것은 이처럼 극명하게 대조를 이룬다. 그 때문에 하나님을 열심히 섬긴다고 하지만 실제로는 힘써 하나님의 의를 복종치 않는 어리석은 죄를 범하고 있는 것이다(롬 10:2-4).

우리가 잘 아는 돌아온 탕자의 이야기(누가복음 15장)를 생각해 보자. 이 말씀은 바라보는 입장에 따라 다양하게 적용될 수 있다. 예를 들어, 탕자의 회심에 대한 이야기, 큰아들에 대한 이야기, 하나님 아버지의 사랑에 대한 이야기 등 여러 가지 설명과 이해가 가능할 것이다. 그러나 말씀의 시초가 되는 1-2절을 주목해 보면 본래 예수님이 이 비유를 하신 이유는 바리새인들과 서기관들에게 유대교의 잘못된 구원관을 지적하는 동시에 복음의 은혜가 무엇인지를 말씀해 주시기 위해서였음을 알 수 있다. 즉, 그들이 잘못 믿고 있는 옛 언약과 예수님이 가져오시는 새 언약을 비교해서 비유적으로 가르치고자 하셨던 것이다.

> **1** 모든 세리와 죄인들이 말씀을 들으러 가까이 나아오니 **2** 바리새인과 서기관들이 수군거려 이르되 이 사람이 죄인을 영접하고 음식을 같이 먹는다 하더라 눅 15:1-2

바리새인과 서기관들을 특징짓는 삶의 태도와 율법에 대한 관점은 행위 보상(인과응보)에 기초하고 있다. 이 관점을 확실히 하기 위해서 바리새인과 서기관들을 큰아들로, 이 사람을 아버지로, 그리고 죄인을 둘째 아들로 생각하면서 누가복음 15장 11-32절의 말씀을 읽어 보라. 아버지와의 관계에서 큰아들은 율법에 기초하고 있지만, 둘째 아들은 은혜에 기초하고 있음을 볼 수 있다. 이 비유를 통해서 예수님이 말씀하시고자 하는 핵심은 하나님과 우리의 관계가 바리새인들과 서기관들의 생각처럼 인간적 행위에 대한 보상이나 일에 대한 삯에 기초하는 것이 아니라는 사실이다. 믿음으로 의롭게 된 자에게는 오직 은혜가 하나님과의 관계를 결정한다. 로마서 4장 4-8절의 말씀에 입각해 누가복음 15장의 말씀을 다시 읽어 보면서, 예수님께서 이 땅에 오셔서 정말로 우리에게 말씀하시고자 하신 것이 무엇인지를 묵상해 보자.

> **4** 일하는 자에게는 그 삯이 은혜로 여겨지지 아니하고 보수로 여겨지거니와

5 일을 아니할지라도 경건하지 아니한 자를 의롭다 하시는 이를 믿는 자에게는 그의 믿음을 의로 여기시나니 **6** 일한 것이 없이 하나님께 의로 여기심을 받는 사람의 복에 대하여 다윗이 말한 바 **7** 불법이 사함을 받고 죄가 가리어짐을 받는 사람들은 복이 있고 **8** 주께서 그 죄를 인정하지 아니하실 사람은 복이 있도다 함과 같으니라 롬 4:4-8

사도들은 어떻게 가르쳤을까?

사도들은 예수 그리스도를 믿음으로 받아들였고, 새 언약의 중보이신 그분께서 오순절 이후 친히 성령으로 그들에게 임하시자 그들은 새 언약의 놀라운 성취를 체험하게 되었다. 이제 그들은 자신들이 율법을 지키는 것이 아니라, 성령으로 인하여 그들 안에 계시는 예수 그리스도께서 율법의 전부이심을 알게 된 것이다.

23 믿음이 오기 전에 우리는 율법 아래에 매인 바 되고 계시될 믿음의 때까지 갇혔느니라 **24** 이같이 율법이 우리를 그리스도께로 인도하는 초등교사가 되어 우리로 하여금 믿음으로 말미암아 의롭다 함을 얻게 하려 함이라 **25** 믿음이 온 후로는 우리가 초등교사 아래에 있지 아니하도다 **26** 너희가 다 믿음으로 말미암아 그리스도 예수 안에서 하나님의 아들이 되었으니 갈 3:23-26

공생애 동안 예수님은 율법의 완전성과 (아직 십자가 대속과 성령 강림이 이루어지지 않았기에) 오지 않은 하나님나라에 대해서 가르치고 선포하셨지만, 오순절 이후 제자들은 실제로 도래한 하나님나라에서 자녀된 자들로서 예수 그리스도로 말미암아 성취된 율법과 은혜에 대해서 가르치고 선포하였다. 그러므로 예수님의 가르침은 '죄의 삯은 사망'이라는 십자가의 율법적인 면에 속하는 반면, 바울의 가르침은 '하나님의 의'라는 십자가의 은혜적인 면에 속한다고 볼 수 있다.

십자가의 율법적인 면은 율법을 온전히 지키지 않는 자는 죄 아래 놓이고 죽을 수밖에 없다는 진리를 강조한다.

10 기록된 바 의인은 없나니 하나도 없으며 롬 3:10

12 그러므로 한 사람으로 말미암아 죄가 세상에 들어오고 죄로 말미암아 사망이 들어왔나니 이와 같이 모든 사람이 죄를 지었으므로 사망이 모든 사람에게 이르렀느니라 롬 5:12

그러나 십자가의 은혜적인 면은 오직 죽은 자만이 죄에서 벗어나 의롭게 되고, 하나님나라 백성으로서 풍성한 삶을 살 수 있게 된다는 진리를 선포한다.

7 이는 죽은 자가 죄에서 벗어나 의롭다 하심을 얻었음이라 롬 6:7

14 죄가 너희를 주장하지 못하리니 이는 너희가 법 아래에 있지 아니하고 은혜 아래에 있음이라 롬 6:14

사도 바울의 말씀을 예로 들어 보자.

7 너희는 누룩 없는 자인데 새 덩어리가 되기 위하여 묵은 누룩을 내버리라 우리의 유월절 양 곧 그리스도께서 희생되셨느니라 고전 5:7

'누룩이 없다'는 것은 우리가 예수 그리스도를 믿음으로 말미암아 하나님의 자녀가 되었다는 것을 의미한다. 즉, 예수 그리스도 안에서 이미 새로운 피조물이 되었다는 것이다. 오직 믿음으로 우리의 법적 지위와 신분이 변화되었다는 것이다. 그러나 "묵은 누룩을 내어 버리라"는 말씀은 이처럼 우리의 신분이 변화되었으므로 이제 그에 합당한 모습이 나타나도록 과거에 속한 태도와 행실들을 변화시켜야 한다는 뜻이다. 이 점이 결정적으로 중요하다. 우리의 행실을 변화시킴으로 우리의 신분을 변화시켜야 하는 것이 아니라, 우리의 태생이 변화되었으므로 그 신분에 합당한 새로운 삶을 살라는 것이다.

그리스도인이 된 우리가 이제 율법에 대해서 마지막으로 깨달아야 할 것은 복음서 안에 있는 율법적인 말씀들의 목적과 기능에 대한 것이다. 복음서에서 발견되는 율법에 속한 말씀들은 거듭나지 않은 사람들에게 죄가 무엇이며 그것이 얼마나 두려운 것인지, 그리고 왜 예수 그리스도의 은혜가 필요한지를 알려 주기 위한 것이지, 그리스도 안에 있는 새로운 피조물들이 그 말씀들을 열심히 지키고 적용하라고 주어진 것이 아니다. 새 언약 안에 기록된 율법은 사람들에게 예수 그리스도만이 진리이심을 알려 주고, 그들을 그분께로 인도하는 지팡이와 같은 것이다. 그런데 예수 그리스도로 인하여 이미 새롭게 된 피조물들이 그 신분을 망각한 채 여전히 율법 안에서 의롭다 함을 얻기 위해서 자신의 행위와 수고로 가득 채워진 믿음생활을 하는 것은 매우 안타깝다.

21 내가 하나님의 은혜를 폐하지 아니하노니 만일 의롭게 되는 것이 율법으로 말미암으면 그리스도께서 헛되이 죽으셨느니라 갈 2:21

5 너희에게 성령을 주시고 너희 가운데서 능력을 행하시는 이의 일이 율법의 행위에서냐 혹은 듣고 믿음에서냐 갈 3:5

4 율법 안에서 의롭다 함을 얻으려 하는 너희는 그리스도에게서 끊어지고 은혜에서 떨어진 자로다 갈 5:4

사도들이 전한 가르침의 핵심은 예수 그리스도께서 우리로 하여금 율법을 지키게 하려고 오신 것이 아니라는 사실이다. 다른 말로,

우리에게 율법을 지킬 수 있는 힘을 주는 것이 예수님이 이 땅에 오신 목적이 아니라는 것이다. 예수님은 친히 율법의 저주가 되시고(갈 3:13), 율법의 마침이 되셔서(롬 10:4), 우리를 율법에서 벗어나게 하셨으며(롬 7:6), 율법이 아닌 은혜 아래 있는 자로 만드셨다(롬 6:14). 그러므로 우리는 더 이상 자신의 행위에 기초한 삶을 사는 자가 아니라, 오직 내 안에 계신 그리스도의 참 생명을 나타내는 삶을 사는 새로운 피조물이 된 것이다.

14 죄가 너희를 주장하지 못하리니 이는 너희가 법 아래에 있지 아니하고 은혜 아래에 있음이라 롬 6:14

6 이제는 우리가 얽매였던 것에 대하여 죽었으므로 율법에서 벗어났으니 이러므로 우리가 영의 새로운 것으로 섬길 것이요 율법 조문의 묵은 것으로 아니할지니라 롬 7:6

우리가 예수 그리스도 안에 있는 한 더 이상 율법을 지킬 필요도 없으며, 율법이 필요치도 않다. 물론 이 말은 우리의 새로운 삶이 율법과 상관이 없다는 뜻일 뿐이지, 우리가 율법을 어겨도 된다는 의미가 아니라는 것을 기억해야 한다. 이러한 주장에 대해서 혹자는 율법 폐기론자 혹은 도덕 폐기론자가 아니냐는 비판을 제기할지도 모른다. 왜냐하면 율법을 거부함으로 방탕을 조장한다고 생각할 수 있기 때문이다. 그러나 그런 반박은 결국 첫째 하나님께서 본래 율법을 주신 이유를 알지 못하고, 둘째 예수 그리스도 안에 있는 새로운 피조물이 무엇인지를 알지 못하며, 셋째 육을 따르지 않고 영을 따라 행하는 삶이 무엇인지 체험하지 못한 데서 기인한 것이다.

4 육신을 따르지 않고 그 영을 따라 행하는 우리에게 율법의 요구가 이루어지게 하려 하심이니라 롬 8:4

예수님이 우리에게 율법을 지킬 수 있는 힘을 주신다는 말은 언뜻 듣기에는 그럴듯할지 모르지만, 그것은 명백한 거짓말이다. 극단적으로 이야기하면 그 말은 예수님이 우리를 계속해서 율법의 저주 아래 두기 위해서 오셨다고 말하는 것과 같다.

4 그러므로 내 형제들아 너희도 그리스도의 몸으로 말미암아 율법에 대하여 죽임을 당하였으니 이는 다른 이 곧 죽은 자 가운데서 살아나신 이에게 가서 우리가 하나님을 위하여 열매를 맺게 하려 함이라 롬 7:4

우리의 옛 사람이 종교적 규범을 지키기 위해서 죽기 살기로 노력하지 않아도, 우리가 예수 그리스도 안에서 그분 안에 있는 믿음으로 살 때(갈 2:20; 딤후 3:15), 그리스도 자신의 성품이 우리를 통해서 나타나게 된다. 그것이 바로 성령의 열매인 것이다.

22 오직 성령의 열매는 사랑과 희락과 화평과 오래 참음과 자비와 양선과 충성과 **23** 온유와 절제니 이 같은 것을 금지할 법이 없느니라 갈 5:22-23

진정한 그리스도인의 삶은 내 안에 오신 예수 그리스도로 말미암아 나는 죽고 그분이 내 안에서 사시는 은혜의 삶이다. 율법이 율법의 참된 의미를 회복하기 위해서는 우리의 생각을 사로잡고 있는 일에 대한 삯, 행위에 대한 보상, 인과응보식의 사고방식을 버려야 한다. 또한 하나님의 생명 안에서 삶의 의미를 찾고 인생의 목표를 정하는 것이 세상적인 업적이나 성취 등과 직결된 것으로 착각하면 안된다. 그것은 행위 보상적인 사고방식이며, 내가 주의 말씀을 지켜 행하면 반드시 형통과 축복이 넘치는 더 나은 삶을 살게 된다고 주장하는 율법주의적 사고방식일 뿐이다. 만복의 근원이신 하나님은 우리를 축복하기 원하신다. 그러나 눈에 보이는 세상적인 축복은 우리가 하나님 통치 안에 거할 때 주어지는 은혜의 열매이지, 당연히 주어져야 하는 대가나 보상이 아니다. 의인은 주의 뜻을 이루기 위해서 이 땅에 사는 자이지, 자신의 세상적인 성취를 위해서 사는 자가 아니다.

4 진정한 은혜를 알고 누려야 한다

은혜란 무엇인가?

사도 바울은 하나님께서 이스라엘 백성에게 율법을 주신 이유가 그들로 죄를 범하지 않게 하기 위해서가 아니라 오히려 죄를 더하게 하기 위해서라고 말한다. 놀랍지 않는가? 도대체 무슨 이유로 이렇게 말하는 것일까? 그것은 바로 범죄함으로 인하여 자신들의 뿌리 깊은 죄성을 알게 하고, 스스로의 행위로는 결단코 율법을 온전히 지킬 수 없다는 것을 가르쳐 주기 위함일 것이다. 결국 하나님의 은혜를 진정으로 구하는 일은 자신의 전적 부패와 죄성을 깨달은 자에게만 가능한 것이다.

20 **율법이 들어온 것은 범죄를 더하게 하려 함이라** 그러나 죄가 더한 곳에 은혜가 더욱 넘쳤나니 롬 5:20

그렇다면 어떻게 하나님의 은혜를 구할 수 있는가? 우리의 전적인 타락을 알려 주는 것이 율법이라면, 바로 그 율법은 구원의 필요성을 제시함으로써 우리를 예수 그리스도께로 인도하는 셈이다. 그로 인해 우리는 오직 믿음으로 의롭다 함을 얻게 되고, 의로운 자로서 우리는 하나님의 은혜를 누리게 된다. 이것이 바로 복음인 것이다.

24 이같이 **율법이 우리를 그리스도께로 인도하는 초등교사가 되어** 우리로 하여금 믿음으로 말미암아 의롭다 함을 얻게 하려 함이라 갈 3:24

6 이는 **그가 사랑하시는 자 안에서 우리에게 거저 주시는 바 그의 은혜의** 영광을 찬송하게 하려는 것이라 엡 1:6

은혜란 한마디로 말하면 받을 만한 자격이 없는 자에게 공짜로 베푸는 좋은 것을 의미한다. 즉, 율법을 지켜 행하지 못함으로 저주 가운데서 죽을 수밖에 없는 인간들을 위해서 하나님께서 이 땅에 그분의 독생자 예수 그리스도를 보내 주시고, 오직 그 아들을 믿음으로 말미암아 모든 죄를 용서받고 하나님나라의 의로운 자녀로서 약속된 풍성한 삶을 살게 하시는 것이다. 이 은혜는 하나님의 자녀가 그분의 통치 안에서 그분의 의를 구할 때 아버지의 뜻이 하늘에서 이루어진 것같이 우리가 사는 이 땅에서도 이루어지는 것을 말한다. 이 은혜가 아닌 다른 은혜는 모두 가짜요 값싼 은혜일 뿐이다. <u>은혜는 이해의 대상이 아니라 체험의 대상이다.</u> 왜냐하면 은혜는 이 땅의 합리성에 기초한 것이 아니라, 하나님의 사랑에 기초하여 예수 그리스도로 말미암아 주어진 것이기 때문이다.

> **17** 율법은 모세로 말미암아 주어진 것이요 은혜와 진리는 예수 그리스도로 말미암아 온 것이라 요 1:17

은혜는 회개함으로 하나님나라에 들어간 자만이 (하나님이 베풀어 주시기를 원하신다는 것을 믿는) 믿음을 통해서 얻게 되는 것이지, 인간의 노력과 수고로 추구할 수 있는 것이 아니다. 율법에서 벗어난 자들만이 은혜를 알게 된다. 율법과 은혜는 결코 공존할 수 없다. 왜냐하면 출발 지점이 서로 다르기 때문이다. 율법을 지키는 자는 인간인 반면, 은혜의 근원은 하나님이시다. 그러므로 율법에 대해서 죽은 자만이 은혜의 삶을 알 수 있다. 율법에 대해서 죽는다는 것은 결국 십자가의 사건을 실존적으로 경험함으로써 죄에 대하여 죽게 되는 것을 말한다.

세상 신의 통제 아래 놓인 인간에게 은혜란 매우 위험한 것으로 다가온다. 우리는 평생 동안 합리적이고 논리적인 사고와 관계 속에서 살아 왔는데, 은혜는 이 세상의 법칙 밖에 존재하므로 매우 비합리적으로 느껴진다. 은혜의 능력을 체험하기 위해서는 평생 쌓아 왔던 자신의 사고체계를 근원적으로 변화시키는 대모험을 감수해야 한다. 또한 은혜는 오직 하나님나라에서만 경험할 수 있는 축복이라는 사실을 잊지 말아야 한다. 따라서 일반적인 관점에서 볼 때, 다음의 두 가지 위험성 때문에 많은 사람이 은혜를 누리는 삶으로 나아가지 못하는 것 같다.

> **21** 이는 죄가 사망 안에서 왕 노릇 한 것같이 은혜도 또한 의로 말미암아 왕 노릇 하여 우리 주 예수 그리스도로 말미암아 영생에 이르게 하려 함이라 **롬 5:21**

> **1** 그런즉 우리가 무슨 말을 하리요 은혜를 더하게 하려고 죄에 거하겠느냐 **2** 그럴 수 없느니라 죄에 대하여 죽은 우리가 어찌 그 가운데 더 살리요 **롬 6:1-2**

첫째는 율법을 지키지 않을 때 은혜가 오용될 여지가 있다는 우려가 있기 때문이다. 만약 율법을 지키지 않는다면, 방종과 방탕의 삶을 살게 될 것인데, 이것은 아무런 기준이 없는 혼돈의 삶이 아닌가? 죄를 깨닫게 해주는 율법이 있어도 올바르게 살지 못하는 것이 현실인데, 이 율법마저 지키지 않는다면 어떻게 제대로 살 수 있는가? 은혜는 인간적으로 볼 때 전혀 합리적이지 못하다. '눈에는 눈,

이에는 이'가 세상적인 논리와 방법이다. 은혜를 받는다고 과연 사람이 변할까? 대부분의 그리스도인들은 오히려 은혜를 남용하여 방종하거나 불법에 빠져 들지 않을까 하는 두려움을 가지고 있다. 이러한 생각은 은혜가 예수 그리스도 자체임을 깨닫지 못한 채 은혜를 단지 하나의 교리로 받아들이기 때문이다.

4 그중에 이 세상의 신이 믿지 아니하는 자들의 마음을 혼미하게 하여 그리스도의 영광의 복음의 광채가 비치지 못하게 함이니 그리스도는 하나님의 형상이니라 고후 4:4

둘째는 이 세상에 대하여 죽음을 경험하지 않고는 진정한 은혜의 자유를 누릴 수가 없는데, 죽기를 두려워한다는 것이다. 세상에 대하여 죽을 때, 위로부터 은혜가 임한다. 그러나 많은 이들은 이 세상에 대하여 죽는 것이 두렵기 때문에 은혜를 체험하기보다는 세상의 법칙을 준수하는 편을 택한다. 문제는 내가 율법을 지키려고 애쓰는 만큼, 죄가 나에 대해서 권위를 행사하게 되고, 결국 죄의 종 노릇을 하게 된다는 것이다. 죄를 짓지 않으려고 율법을 지키는 것인데 마치 부메랑처럼 그 죄에 종 노릇을 하게 되는 것이다. 내가 율법을 지키려는 노력을 포기하는 것이 바로 죽음의 경험이다. 그러나 이 죽음을 경험하는 것이 두렵기 때문에 스스로 율법을 지키겠다고 다짐하거나 혹은 타인에 의해서 그런 강요를 받는 것이 오늘날 많은 그리스도인들의 삶이다.

> **15** 또 죽기를 무서워하므로 한평생 매여 종 노릇 하는 모든 자들을 놓아 주려 하심이니 히 2:15

> **11** 우리 살아 있는 자가 항상 예수를 위하여 죽음에 넘겨짐은 예수의 생명이 또한 우리 죽을 육체에 나타나게 하려 함이라 고후 4:11

아름다운 산을 등반해 본 경험이 있는가? 산꼭대기에서 내려다본 멋진 경관을 잊을 수 없을 것이다. 이때 흥미로운 사실은 낭떠러지인 절벽 끝으로 가까이 가면 갈수록 더 장엄하고 아름다운 경관이 눈에 들어온다는 것이다. 그러나 대부분의 경우 떨어질 위험에 대비해서 절벽 앞에는 튼튼한 가드레일을 놓아 일정 거리 이상은 더 나아갈 수 없도록 한다. 그래서 대부분의 사람들은 안전한 지점에서 보이는 경관을 감상하는 것으로 만족한다. 우리가 은혜를 경험하는 것도 이와 마찬가지다. 대부분의 그리스도인들은 죽음이라는 두려움 때문에 가능한 한 절벽으로부터 멀리 떨어진 안쪽에 안전한 가드레일을 세워 둔 채 그곳에서 만족한다. 즉, 아름답고 놀라운 경관을 보기보다는(은혜를 마음껏 누리기보다는) 안전을 위한 철책을 의지한다(율법을 지킨다). 그리고 거기까지만 자신을 허용하는 것이다.

은혜는 위험하지만
반드시 필요하다

은혜를 체험하는 것이 위험한 일인 것은 분명하지만, 은혜가 아니고서는 인간이 변화될 수 없다는 것을 분명히 알아야 한다. '은혜의 위험성'은 바로 '변화의 가능성'을 의미하기 때문이다. 은혜의 위험성이 크면 클수록 변화의 가능성도 그만큼 더 커진다. 누가복음 15장의 이야기에서 돌아온 탕자에게 아버지가 행한 일들을 생각해 보라. 그것이 바로 은혜의 위험성이다. 사람의 변화는 율법을 지켜 행하는 훈련에 있는 것이 아니라, 은혜를 체험하는 데 있다. 인간 내면의 문제들을 생각해 보라. 본래 인간은 하나님의 형상과 모양대로 지음을 받았다. 하나님은 우리 코에 그분의 생기를 불어넣으셔서 우리로 하여금 그분의 영광을 지닌 존재가 되게 하셨다. 그러나 죄로 인하여 깨어진 마음을 갖게 된 우리는 끊임없이 갈망하는 인격체로 변했고, 갖가지 방어기제로 자신의 상처를 철저하게 감추려 한다. 할 수만 있다면 죽는 그 순간까지 자존자의 삶을 살고자 한다.

인간이 당면한 모든 문제의 근본 원인은 하나님과 관계가 끊어진 영적 죽음에 있다. 본래 우리는 하나님과 하나였으며, 그분의 완전한 사랑을 온전히 누리는 존재였다. 그러나 영적인 관계가 끊어지는 순간 인간은 모든 것을 육과 혼을 통해서 추구할 수밖에 없는 존재로 전락하고 말았다. 따라서 모든 상처와 문제의 근원은 하나님의 본질(생명, 영광, 사랑)이 결핍된 데 있으며, 그에 대한 유일한 해결점은 그분과 의로운 관계를 새롭게 형성하는 데 있다. 의로운 자만이 하나님의 용서와 사랑의 은혜를 지속적으로 맛볼 수 있다. 오직 하나님으로부터 (영적으로) 주어지는 사랑을 맛볼 때 상처가 치유되기 시작한다. 사람은 세상의 (조건적인) 사랑이나 율법적인 행위나 이성적 사고체계의 훈련에 의해서 변화되지 않는다(일에 대한 삯, 행위에 대한 보상, 인과응보적인 사고방식이 얼마나 뿌리 깊은지를 생각해 보라!). 하나님의 용서와 사랑인 은혜를 경험할 때 비로소 모든 혼적이며 육적인 갈망이 멈춰지고, 자신이 잃어버린 것이 무엇인지를 깨닫게 된다. 그때 자신의 참된 정체성, 즉 진정한 인간은 자존자가 아니라 하나님의 자녀라는 진리를 알게 되는 것이다.

이처럼 은혜는 위험한 것이지만 또한 우리에게 가장 절실히 필요한 것이다. 오직 은혜를 맛볼 때, 우리는 비로소 혼적이거나 육적인 것이 아닌 영적인 실체를 감지하게 된다. 누가복음 15장에 나오는 둘째 아들과 큰아들을 생각해 보라. 큰아들은 아버지와 율법적인 관계를 맺었던 반면, 둘째 아들은 아버지로부터 그에게 임하는 진짜 은혜가 무엇인지를 체험하였다. 너무나 엄청나다 못해 지나치기까지 한 아버지의 사랑을 말이다. 은혜를 맛본 사람은 죄에 대하여 죽게 된다. 죄를 짓는 이유는 욕심이 발동하기 때문이다. 그렇다면 왜 욕심이 생기는가? 아직 하나님의 참 사랑을 맛보지 못했기 때문이다. 은혜가 우리 안에 들어오면(하나님의 사랑이 충족되면) 부족함에 대한 갈증이 사라지고 그분의 영광의 임재로 인하여 더 이상 죄를 짓고 싶지 않게 된다. 이처럼 죄에 대해서 죽게 될 때 비로소 율법으로부터 자유함을 얻게 되는 것이다.

14 오직 각 사람이 시험을 받는 것은 자기 욕심에 끌려 미혹됨이니 **15** 욕심이 잉태한즉 죄를 낳고 죄가 장성한즉 사망을 낳느니라 약 1:14-15

의인은
믿음으로 은혜를
누리는 자다

구원을 얻은 자는 죄인이 아니라 의인이며, 은혜의 삶을 사는 자다. 예수 그리스도의 대속을 통해서 구원받은 자는 이미 새생명을 가진 자이기 때문에 더 이상 죄인이 될 수 없다. 육신적으로는 아직 죄를 지을 수 있지만(?), 그럼에도 불구하고 예수 그리스도로 말미암아 이미 의로운 자가 된 것이다. 다음의 말씀들을 읽어 보라. 율법에서 벗어나고 은혜 아래 있는 것이 우리의 노력과 행위에 따라 미래 어느 시점에서 이루어지는 것인가 아니면 믿음으로 이미 과거 어느 시점에서 이루어진 것인가?

14 죄가 너희를 주장하지 못하리니 이는 **너희가 법 아래에 있지 아니하고 은**

혜 아래에 있음이라 **롬** 6:14

6 이제는 우리가 얽매였던 것에 대하여 죽었으므로 **율법에서 벗어났으니** 이러므로 우리가 영의 새로운 것으로 섬길 것이요 율법 조문의 묵은 것으로 아니할지니라 **롬** 7:6

2 이는 그리스도 예수 안에 있는 **생명의 성령의 법이 죄와 사망의 법에서 너를 해방하였음이라** **롬** 8:2

당신은 예수 그리스도가 나의 주님이시며 살아 계신 하나님의 아들이심을 믿는가? 당신은 죄에서 벗어나고 구원받은 자인가? 율법의 모든 요구가 예수 그리스도로 말미암아 당신에게 이미 이루어졌는가? 그럼에도 불구하고 우리가 여전히 죄의 지배를 받으며 율법 아래 있고 하나님의 은혜를 누리지 못하는 이유는 무엇인가?

첫째는 율법과 은혜가 무엇인지를 모르기 때문이다. 율법은 하나님으로부터 영적으로 단절된 인간들이 그분과 바른 관계를 유지하기 위하여 지켜야 할 법이다. 반면 은혜는 하나님과의 관계가 회복된 사람들이 누릴 수 있고 누려야 하는 풍성한 생명과 축복이다. 우리가 명심해야 할 진리는 우리가 율법을 지키지 않는 것이 문제가 아니라, 처음부터 우리 스스로는 율법을 지킬 수 없는 존재라는 사실이다. 왜냐하면 하나님께서 요구하시는 완전한 율법은 본질적으로 내가 지켜야 할 도리나 계명이 아니라 내가 오직 예수 그리스도 안에 거함으로 말미암아 그분으로 인하여 내 안에서 이루어지는 약속이기 때문이다. 옛 언약 아래에서는 인간이 하나님을 위해서 무엇을 할 수 있는지를 증명해야 하는 삶을 살았지만, 새 언약 아래에서는 하나님께서 친히 인간을 위해 또는 인간을 통해 무엇을 하실 수 있는지를 보여 주시는 삶을 살게 된다. 인간적인 관점에 볼 때, 옛 언약 아래에서는 우리가 하나님을 사랑하는 존재(행동의 주체)였지만, 새 언약 아래에서는 우리가 하나님의 사랑을 받는 존재(은혜의 대상)인 것이다.

21 하나님이 죄를 알지도 못하신 이를 우리를 대신하여 죄로 삼으신 것은 우리로 하여금 그 안에서 하나님의 의가 되게 하려 하심이라 고후 5:21

둘째는 율법과 은혜의 차이를 이해했으면서도 은혜의 삶을 살지 못하는 이유는 주께로 돌아가지 않기 때문이다(고후 3:15-16). 영의 새로운 것으로 섬기지 않기에 율법 조문의 묵은 것으로 섬길 수밖에 없는 것이다(롬 7:6). 단적으로 말하자면 물세례는 받았지만 성령님이 오셔서 나의 혼과 육을 통치하시는 성령체험을 하지 못했기 때문이다. 예수 그리스도께서 친히 성령으로 내 안에 오셔서 나의 삶을 인도하는 것을 경험하지 못한 사람은 영의 새로운 것으로 섬기는 것이 무엇인지를 절대로 알 수 없다.

15 오늘까지 모세의 글을 읽을 때에 수건이 그 마음을 덮었도다 **16** 그러나 언제든지 주께로 돌아가면 그 수건이 벗겨지리라 고후 3:15-16

예수 그리스도는 우리의 죄를 사하기 위해서만이 아니라, 우리에게 성령 세례를 주기 위해 이 땅에 오셨다. 태초에 우리에게 생기로 임하셨으나 우리의 죄로 인하여 떠나가셨던 그분이 죄사함을 받은 우리에게 다시 오셔서 우리 안에 임하시고 기름을 부으시며 우리의 삶을 실제적으로 인도하시는 것이 바로 성령 하나님의 역사다. 예수님은 바로 이 일을 이루기 위해서 이 땅에 오셨고, 죽으시고 부활 승천하신 후 약속하신 또 다른 보혜사 성령님을 우리에게 보내 주신 것이다.

29 이튿날 요한이 예수께서 자기에게 나아오심을 보고 이르되 보라 세상 죄를 지고 가는 하나님의 어린 양이로다 요 1:29

33 나도 그를 알지 못하였으나 나를 보내어 물로 세례를 베풀라 하신 그이가 나에게 말씀하시되 성령이 내려서 누구 위에든지 머무는 것을 보거든 그가 곧 성령으로 세례를 베푸는 이인 줄 알라 하셨기에 요 1:33

11 나는 너희로 회개하게 하기 위하여 물로 세례를 베풀거니와 내 뒤에 오시는 이는 나보다 능력이 많으시니 나는 그의 신을 들기도 감당하지 못하겠노

라 그는 성령과 불로 너희에게 세례를 베푸실 것이요 마 3:11

5 요한은 물로 세례를 베풀었으나 너희는 몇 날이 못 되어 성령으로 세례를 받으리라 하셨느니라 행 1:5

우리가 예수 그리스도를 주로 고백함으로써 죄사함을 받고 물세례를 받을 때 성령님은 우리 안에 내주하신다. 그러나 여전히 내 자아가 성령님을 소유하고 있다면 그것은 영의 새로운 것으로 섬기는 삶이 아니다. 오직 오순절 날에 이루어진 것과 같은 성령체험(성령님이 위로부터 임해서서 우리 각 사람의 혼과 육을 소유하고 통치하시는 것을 경험하는 것)을 할 때, 비로소 우리는 영으로써 몸의 행실을 죽일 수 있게 된다.

7 육신의 생각은 하나님과 원수가 되나니 이는 하나님의 법에 굴복하지 아니할 뿐 아니라 할 수도 없음이라 롬 8:7

13 너희가 육신대로 살면 반드시 죽을 것이로되 영으로써 몸의 행실을 죽이면 살리니 롬 8:13

하나님과 영적으로 교제하는 것이 무엇인지를 체험하지 못한 사람은 자신의 육과 혼으로 그분을 섬길 수밖에 없다. 보다 도덕적이고 윤리적인 삶, 철저한 교회 중심적인 삶, 온갖 헌신과 봉사, 큐티와 기도생활 등 과거에 하지 않던 어떤 것을 계속 더해 가거나 기존의 의무를 더 열심히 이행하는 삶이 바로 그것이다. 그러나 그 삶은 예수님 안에서 은혜를 받아 누리는 풍성한 삶이 아니라, 단지 예수님의 도움으로 자신이 율법을 더 잘 지키려고 애쓰는 고통의 삶일 뿐이다. 우리 안에 예수 그리스도께서 계시는 것과 우리의 생명이신 그분이 실제 삶에 나타나시는 것은 별개의 문제다. 그리스도의 내주는 믿음을 통해서 이루어지는 것이지만, 그리스도의 나타나심과 역사하심은 마음의 실제적인 변화에 따른 결과이므로, 하나님의 영이 우리의 혼을 통치할 때 (즉, 내가 주체로서 주의 말씀을 받아들이고 붙잡는 것이 아니라, 성령의 역사하심으로 말미암아 내 마음(생각과 감정과 의지)에 말씀이 온전히 일치될 때) 이루어지는 것이다. 이러한 관계는 우리가 성령체험을 함으로써 가능해지며, 이와 같은 새로운 상태를 예수 그리스도 안에서 '하나님의 의'(고후 5:21)라고 부른다.

> **22** 너희는 유혹의 욕심을 따라 썩어져 가는 구습을 따르는 옛 사람을 벗어 버리고 **23** 오직 너희의 심령이 새롭게 되어(성령이 우리의 마음을 새롭게 함으로써) **24** 하나님을 따라 의와 진리의 거룩함으로 지으심을 받은 새 사람을 입으라 엡 4:22-24

우리가 하나님의 의라는 진리가 열리고 믿어질 때, 내 노력으로 사는 삶이 아니라 내 안에 계신 그리스도가 나타나시는 삶을 경험할 수 있으며, 그때 우리는 비로소 거저 주시는 은혜가 무엇인지를 알게 된다. 은혜는 기독교 교리들 중의 하나가 아니라 복음의 핵심이요 심장이다. 결국 하나님 자녀 삶의 본질인 은혜는 바로 예수 그리스도이시다.

2 하나님과 우리 주 예수를 앎으로 은혜와 평강이 너희에게 더욱 많을지어다
벧후 1:2

6 이는 그가 사랑하시는 자 안에서 우리에게 거저 주시는 바 그의 은혜의 영광을 찬송하게 하려는 것이라 엡 1:6

Two

part 2

당신은 하나님의 의다

이 주제와 관련된 손기철 장로의 집회 영상 보기
(QR코드 스캔 어플 설치 후 위의 QR코드를 찍어 보세요!)

주변에서 우리가 보기에 깊은 신앙심을 가진 사람들이 오히려 자신을 가리켜 죽어 마땅한 벌레 같은 존재라고 말하며 스스로를 죄인 취급하는 것을 간혹 본다. 우리는 이러한 자책을 겸손의 표현으로 받아들이곤 한다. 그러나 처절하게 자신의 죄를 인식하는 사람이 놀라운 은혜의 삶을 누리지 못하고 있다면, 그는 진정한 십자가의 도를 모르는 사람이다. 죄인이던 우리가 예수 그리스도로 말미암아 죄사함을 받은 새로운 존재, 즉 의인이 되었다는 말을 제대로 이해해야 한다. 우리가 구원받은 후 의인이 되었다는 것은 현재 눈앞에 드러난 나의 상태나 상황의 변화를 의미하는 것이 아니라, 우리의 본질적인 태생과 신분이 완전히 달라졌다는 뜻이다. 다른 말로, 비록 현재의 삶에서 우리의 생각과 감정과 행동은 여전히 죄악 가운데 있다 할지라도, 우리의 영에는 여호와의 신이 친히 임재하심으로 말미암아 우리가 그리스도 안에서 새로운 피조물이 되었다는 것이다. 새로운 피조물만이 그의 모든 현재적인 삶도 변화시킬 수 있다.

새 언약은 우리가 의인이 되었다고 말한다.

우리는 은혜로 구원받은 죄인이 아니라, 은혜로 구원받은 의인이다.

우리는 죄를 지을 수 있는 의인이다.

우리가 믿음으로 죄사함을 받았다면 우리는 본질적으로 죄인이 될 수 없다.

의인만이 예수 그리스도가 이 땅에서 하신 일을 행할 수 있다.

사도들은 예수 그리스도를 온전히 믿음으로 의인의 삶을 살았다.

이제 우리는 의인되기 위해서 노력하는 삶이 아니라, 이미 의인이 된 자로서 그에 합당한 새로운 삶의 태도와 방식을 익혀야 한다. 또한 놀라운 의와 은혜를 받은 자로서 이 땅에서 왕 노릇해야 한다.

17 한 사람의 범죄로 말미암아 사망이 그 한 사람을 통하여 왕 노릇 하였은즉 더욱 은혜와 의의 선물을 넘치게 받는 자들은 한 분 예수 그리스도를 통하여 생명 안에서 왕 노릇 하리로다 롬 5:17

1 왜 의를 알아야 하는가?

인간의

가장 근원적인

문제는 무엇인가?

모든 인간은 서로 다른 신분과 위치에서 최선을 다해 살아가고 있는 것처럼 보인다. 그러나 인간은 누구나 문제를 안고 살아간다. 사람들과 삶을 나누다 보면, 놀랍게도 우리가 인간이기 때문에 공통적으로 갖고 있는 문제들이 있음을 알게 된다.

첫째, 만족감(충족감)을 느끼지 못한다. 어떤 목적을 이루기 위해서 최선을 다해 달려가지만, 막상 그 목적이 달성되면 또 다른 목적을 추구하게 된다. '이것만 있으면 만족할 거야' 하지만 막상 그것을 얻고 나면 또 다른 결핍을 느끼는 것이다.

둘째, 늘 열등감과 거절감에 시달린다. 항상 최선을 다하지만 스스로 만족하지 못하기 때문에 자신을 다른 사람들과 비교하게 되고, '혹시 그들로부터 버림받지는 않을까?'라는 두려움을 느끼는 것이다. 그래서 사람은 그가 속한 집단 안에서 위로를 얻고자 한다.

셋째, 자기가 한 결정에 자신이 없다. 자신이 자기 삶의 주인이라고 생각하면서도 자신이 내리는 결정에 대해서 확신을 갖지 못한다. 그래서 다른 사람의 생각이나 말에 의존하게 된다.

이밖에도 이런 이야기를 하자면 끝이 없다. 사람에 따라서는 앞서 언급한 문제들이 삶에 심각한 어려움을 주지 않을 수도 있지만, 때로 이 문제들이 삶을 파괴할 만큼 심각한 영향을 미치기도 한다. 이 경우 약물치료나 상담치료와 같은 다양한 해결책이 제시되기도 한다. 그런데 이것들은 불신자들뿐 아니라 믿는 사람들에게서도 동일하게 나타난다.

한편, 그리스도인들은 불신자들이 알지 못하는 다음과 같은 문제들로 시달린다.

첫째, 열심히 하나님을 섬기지만 무엇인가 부족감을 느낀다.

둘째, 최선을 다해 헌신하지만 하나님의 사랑을 느끼지 못한다.

셋째, 자신이 죄사함을 받은 것을 믿지만 담대히 하나님 앞에 나아가지 못한다.

넷째, 주의 말씀이 진리라는 것을 믿지만 그 말씀대로 느끼고 행동하는 것은 거의 불가능한 것처럼 생각된다.

다섯째, 하나님 앞으로 더 가까이 나아가고 싶지만 무엇인가가 자신을 붙들고 좌절시키는 것을 느낀다.

여섯째, 하나님께서는 모든 은혜를 주셨다고 말씀하시지만 그것을 누린 적은 거의 없다고 생각한다. 하나님은 우리를 그분의 자녀로 불러 주셨지만, 자신은 자기를 종처럼 생각하고 그렇게 사는 것이 당연하다고 느낄 때가 많다.

언뜻 보기에는 불신자들의 문제와 그리스도인들의 문제가 서로 다른 것처럼 느껴질 수 있지만, 사실은 그 근원은 한 가지다. 불신자들이건 그리스도인들이건 모든 사람이 가지고 있는 이러한 문제들의 근원은 무엇일까?

모든 문제의 근원은
죄의식이다

바로 죄로 인한 부정적인 의식과 그에 따른 죄책감과 정죄감과 열등감 등이 모든 문제의 근원이다. 모든 인간이 부정적이고(긍정적인 생각을 가지지 못함) 절망적이며(소망을 가지지 못함) 불신적이고(믿음을 가지지 못함) 결핍적인(충만함을 느끼지 못함) 의식에 사로잡히는 이유는 원죄로 말미암아 우리의 마음이 깨어졌기 때문이다. 우리를 지으신 하나님의 생명(영광)이 떠남으로 인하여 하나님과의 관계가 끊어졌다는 말과 같다. 하나님께서 우리를 창조하실 때, 그분의 영이 우리에게 주어짐으로써 우리는 그분의 자녀로서 주님과 온전한 교제를 누리며 주의 뜻을 이루는 존재로 살았다. 그러나 우리가 죄를 지음으로 하나님의 영이 우리에게서 떠나시자 영혼의 죽음이 찾아왔다. 이 말은 우리의 영혼이 소멸되었다는 뜻이 아니라, 우리가 더 이상 하나님의 뜻을 나타낼 수 없는 존재가 되었다는 뜻이다. 그 결과로 우리 마음에 자리 잡게 된 의식이 바로 죄의식이다. 결국 죄의식이란 인간의 타락으로 말미암은 영적 죽음의 부산물인 셈이다.

인간이 갖는 모든 문제의 근원이 죄의식이라는 사실을 알아야 한다. 모든 인간의 궁극적인 소원은 바로 이 죄의식으로부터 자유함을 얻는 것이며, 여기서 모든 종교가 출발한다. 이런 의미에서 죄의식은 모든 종교의 어머니라고 불릴 만하다. 모든 사람은 죄의식이 전혀 없는 진정한 자유와 평강을 원하지만, 이 자유와 평강은 오직 우리를 지으신 창조주 하나님께 돌아갈 때만 얻을 수 있다.

그러나 많은 경우, 사람들은 자신의 노력이나 행위를 통해서 또는 다른 신들과의 관계를 통해서 죄의식으로부터 자유함을 얻고자 한다. 거짓 종교의 대부분은 자신이 만든 우상에게 제물을 바치고 자신을 드림으로써 죄와 죄책감을 제거하고자 한다. 그런가 하면 자기 자신으로부터 벗어나는 것이 자유의 실현이라고 주장하기도 한다. 즉, 죄로부터 벗어나기 위해서는 죄의식을 느끼는 자아로부터 벗어나야 한다는 것이다. 그래서 한쪽 극단에서는 수행, 고행, 금욕

등의 가혹한 방법으로, 다른 극단에서는 마약과 중독 등의 달콤한 방법으로 자아를 내버리는 시도들이 행해지고 있다. 심지어 자아로부터 완전한 해방을 위해 자신의 목숨을 끊어 버리기도 한다.

우리는 흔히 쾌락을 추구하는 것이 인간의 성향이라고 알고 있지만, 사실 인간은 죄의식으로부터 벗어나기 위해 쾌락을 추구한다. 또 우리는 흔히 죄의식이나 죄책감이 없다면 방탕하고 방종하게 될 것이라고 생각하지만 실제로는 그렇지 않다. 오히려 더 이상 극단적인 쾌락을 추구하지 않게 된다. 죄의식이 없을 때 진정한 자유와 만족을 느끼기 때문이다.

죄의식은 인간의 어떤 노력으로도 제거될 수 없다. 왜냐하면 노력하는 인간 자신이 죄인이기 때문이다. 죄의식을 없애는 유일한 길은 죄에 대해서 죽는 것이다. 우리가 스스로 회개하고 자기를 부인하고 고행과 금욕과 수행으로 삶을 가득 채울지라도, 그것만으로는 우리의 영혼 속에 존재하는 죄의식을 제거할 수 없다. 이미 언급한 것처럼 죄의식과 죄책감으로부터 진정으로 자유로워질 수 있는 길은 우리를 창조하신 하나님 아버지께로 돌아가서 그분이 우리를 지으신 본래의 모습으로 회복되는 것이다. 그리고 한 걸음 더 나아가 하나님 아버지와 자녀의 관계를 가지며 그분이 지으신 목적대로 사는 것이다. 이것이 바로 2천여 년 전 예수님께서 우리에게 주신 하나님나라(통치)의 복음이다.

하나님께서 우리를 그분의 자녀로 부르셨음에도 불구하고, 많은 그리스도인들이 인간의 한계(종의 개념)를 넘어서지 못하는 이유도 죄의식 때문이다. 믿는 자들은 혹시라도 하나님 앞에서 자신이 교만해질까 봐 두려워한다. 그래서 자신이 얼마나 죄인인지를 끊임없이 상기시킨다. <u>안타까운 사실은 우리가 죄의식을 자신의 교만함을 방지하는 수단으로 오해하기 때문에, 우리를 진정으로 자녀 삼고자 부르시는 하나님 아버지의 초청을 부지중에 거절하고 있다는 것이다.</u> 우리의 영혼에서 죄의식이 사라질 때, 우리는 비로소 겸손을 가장한 교만함을 넘어 하나님의 진정한 자녀가 될 수 있다.

우리가 얼마나 하찮고 무가치하고 불쌍하고 악하며 믿음이 없는가에 대해서 이야기하면, 그 말씀들이 쉽게 믿어진다. 하지만 우리가 얼마나 가치 있고 아름답고 존귀하며 능력이 있는가에 대해서 말하면 좀처럼 믿어지지 않는다. 왜 그럴까? 우리의 마음이 여전히 죄의식에 사로잡혀 있기 때문이다. 우리의 존재가 이미 새롭게 되었고, 우리가 더 이상 타락한 마음에 묶인 자가 아니라는 사실을 알지 못하기 때문이다.

의란 무엇인가?

예수님은 이 땅에 오셔서 모든 인생 문제의 근원인 죄의식과 죄책감을 해결할 수 있는 진리를 우리에게 말씀하셨다. 그것은 바로 이 땅에 육신으로 오신 예수 그리스도 자신으로 인하여 마침내 하나님나라가 도래했기 때문에(하나님의 통치가 시작되었기 때문에), 이제 우리가 그분의 나라와 의를 구해야 한다는 것이다. 그러면 인간의 모든 문제를 해결할 수 있다는 것이다.

> **15** 이르시되 때가 찼고 하나님의 나라가 가까이 왔으니 회개하고 복음을 믿으라 하시더라 막 1:15

> **10** 나라가 임하시오며 뜻이 하늘에서 이루어진 것같이 땅에서도 이루어지이다 마 6:10

> **33** 그런즉 너희는 먼저 그의 나라와 그의 의를 구하라 그리하면 이 모든 것을 너희에게 더하시리라 마 6:33

이 비밀을 깨달은 사도 바울은 "복음에는 하나님의 의가 나타나서"라고 선포하고 있다. 히브리어인 '체데크'(zedek)는 '의로운, 정직한, 공정한, 정확한, 진실함, 틀림없는'이라는 뜻이며, 여기서 의로 번역되는 '체테카'(zedeka)라는 단어가 파생되었다. 한편, 그리스 시대에 의(헬: 디카이오쉬네, dikaiosyne)는 사회 정의와 법률적 공의를 나타내는 용어다. 그런데 성경적 의미에서 의는 하나님의 표준, 본질, 본성을 가리킨다.

17 복음에는 하나님의 의가 나타나서 믿음으로 믿음에 이르게 하나니 기록된 바 오직 의인은 믿음으로 말미암아 살리라 함과 같으니라 롬 1:17

하나님은 인간을 구속하시기 위해 자신을 계시하실 때, 자신이 바로 의라고 말씀하셨다. "그의 이름은 여호와 우리의 공의라"는 히브리어로 '여호와 찌드케누'다. '찌드케누'(zidkenu, 우리의 공의)라는 말에는 '엄격한 또는 곧은'이라는 뜻과 함께 '옳은'(to be right)이라는 의미가 담겨 있다.

5 여호와의 말씀이니라 보라 때가 이르리니 내가 다윗에게 한 의로운 가지를 일으킬 것이라 그가 왕이 되어 지혜롭게 다스리며 세상에서 정의와 공의를 행할 것이며 **6** 그의 날에 유다는 구원을 받겠고 이스라엘은 평안히 살 것이며 **그의 이름은 여호와 우리의 공의라** 일컬음을 받으리라 렘 23:5-6

성경에서 '의'(righteousness)의 개념은 공의로우신 하나님 자신의 속성보다는 주로 하나님과의 관계적 측면에서 불의한가 아니면 의로운가를 나타내는 데 더 많이 사용되고 있다. 즉, 하나님의 표준, 본성, 본질에 일치하는가(in a right relationship with God) 또는 일치하지 않은가를 나타내는 데 쓰인 것이다.

구약적인 관점에서 유대인들은 율법을 준수하는 것을 의로운 것으로 여겼지만, 예수님은 의란 외적 행위법뿐만 아니라 내적 심령법까지도 하나님의 법에 일치되는 것이라고 지적하셨다. 예수님에 의하면 우리가 단지 하나님이 말씀하시는 바(율법)를 지켜 행하는 것이 아니라 우리의 존재가 하나님과 일치하는 것(즉, 하나님이 친히 우리 안에 임하심으로써 우리가 그분의 형상을 나타내는 존재가 되는 것)이 바로 의라는 것이다. 결국 의는 쌍방 간의 행위에 기초한 합의가 아니라 관계의 일치를 가리킨다. 예수님은 자신의 삶과 죽음과 부활을 통해서 우리와 하나님 사이의 관계를 회복시키심으로써 의에 대한 모든 예언을 성취하셨다.

10 기록된 바 의인은 없나니 하나도 없으며 롬 3:10

21 이제는 율법 외에 하나님의 한 의가 나타났으니 율법과 선지자들에게 증거를 받은 것이라 **22** 곧 예수 그리스도를 믿음으로 말미암아 모든 믿는 자에게 미치는 하나님의 의니 차별이 없느니라 롬 3:21-22

다른 말로, 예수 그리스도를 통하여 그분의 자녀인 우리가 하나님과 관계가 회복될 때, 하나님께서는 우리를 의롭다고 하신다.

26 곧 이때에 자기의 의로우심을 나타내사 자기도 의로우시며 또한 예수 믿는 자를 의롭다 하려 하심이라 롬 3:26

따라서 인간의 측면에서 바라볼 때, '의'란 죄인이 하나님께서 베푸시는 은혜를 믿음으로 받아들임으로써 하나님께 용납 혹은 열납 되는 상태를 말하며, '의롭다 함'을 받는 것은 죄의식과 죄책감 없이 하나님 앞에 설 수 있다는 것을 의미한다.

하나님나라와
의를 구하지 않는
복음적 설교

그런데 더없이 안타까운 사실은 예수 그리스도를 믿음으로 하나님의 자녀와 의인이 된 많은 이들이 복음이 말하는 의에 대해서 제대로 알지 못하는 까닭에, 여전히 죄의식과 죄책감에 사로잡혀 행위 중심적으로 살고 있다는 것이다. 생각해 보라. 우리가 지금까지 많이 들어 온 말은 과연 무엇인가?

그것은 '우리가 얼마나 추악한 인간인지…', '우리가 얼마나 죄악 가운데 살고 있는지…', '하나님의 거룩한 분노가 얼마나 준엄한지…', '우리가 하나님의 법을 얼마나 제대로 지키지 못했는지…', '우리가 잘못된 생각과 행동에서 얼마나 더 벗어나야 하는지…' 등이 아닌가? 이러한 설교를 듣고 나올 때 우리는 하나님이 얼마나 위대하고 놀라운 분이신지, 반면에 내가 얼마나 죄인이며 잘못되어 있는지를 알게 된다. 그런데 그 결과로 우리 마음에 더욱 깊게 뿌리내리는 것은 무엇일까? 그것은 더 강력해진 죄의식과 죄책감과 정죄감이다. 죄가 무엇이며 우리 자신이 얼마나 죄인인지에 대해서 설교한 자체가 잘못된 것은 아니다. 그러나 정작 우리가 진정으로 누구이며 어떻게 하나님의 의가 되는지에 대해서 말하지 않는 것이 문제인 것이다.

결과적으로 지금까지 우리는 첫째, 우리가 죽을 수밖에 없는 죄인이라는 사실만을 강조해 왔고 둘째, 죄에 대한 강조로 말미암아 스스로 정죄함 아래 놓이게 되었으며 셋째, 오직 예수 그리스도로 인하여 죄사함을 받는다는 사실에만 관심을 집중했기 때문에 정작 죄사함을 받고 난 후 어떻게 승리하며 살아갈 수 있는지에 대해서는 무지하게 되었다.

아무리 죄와 회개 그리고 그리스도의 속량에 대해 열변을 토할지라도, 우리를 진정으로 의롭게 만들지 못하는 설교는 하나님께서 원하시는 것이 아니다. 우리의 잘못만을 보게 하고, 우리가 얼마나 하나님으로부터 멀리 떠나 왔는가에 대해서만 지적하는 설교는 하나님의 뜻이 아니다. <u>하나님의 뜻은 우리가 죄를 깨닫고 예수 그리스도를 믿는 것만으로 다 이루어진 것이 아니라 우리가 그분 안에서 의롭게 되는 것을 체험하는 것이다.</u> 우리가 회개해야 하는 이유는 무엇인가? 의롭게 되기 위함이다. 왜 예수 그리스도께서 우리의 죄를 속량하셨는가? 단지 우리 죄의 문제를 해결하기 위해서인가? 결코 그렇지 않다. 그분은 우리로 하여금 하나님의 의가 되게 하기 위해서 십자가에서 죽으셨다.

궁극적으로 하나님의 의를 선포하지 않는 설교는 아무리 훌륭한 설교라도 우리로 하여금 하나님이 원하시는 마지막 목적에 도달하지 못하게 한다. <u>모든 설교의 궁극적인 목적은 우리가 죄사함을 받거나 구원을 얻는 데 그치는 것이 아니라, 우리가 바로 하나님의 의라는 사실을 깨닫도록 하는 데 있다.</u>

6 우리가 알거니와 우리의 옛 사람이 예수와 함께 십자가에 못 박힌 것은 죄의 몸이 죽어 다시는 우리가 죄에게 종 노릇 하지 아니하려 함이니 **7** 이는 죽은 자가 죄에서 벗어나 의롭다 하심을 얻었음이라 롬 6:6-7

오직
의를 구해야
한다

만약 당신이 '예수님의 속량으로 내 죄가 사함 받았다'는 정도의 믿음을 가지고 있다면, 당신은 매일 죄를 짓지 않으려고 애쓰거나 율법을 더 잘 지키려고 노력할 것이다. 그 말은 당신은 여전히 당신 자신이 주인인 삶을 살고자 한다는 것이다. 당신이 정말로 하나님의 의라는 사실을 체험하기 전까지는 사탄이 당신을 밀 까부르듯이 흔들 것이다. 죄와 질병이 당신을 사로잡을 것이다. 그러나 당신이 진정한 의를 깨닫는 순간, 사탄의 머리가 박살날 것이다. 그리고 당신은 진정한 자유를 누리게 될 것이다. 그것은 죄 사함만으로 얻을 수 있는 것이 아니라, 하나님의 의를 깨달음으로 체험할 수 있는 것이다. 왜냐하면 당신이 하나님의 의라는 사실을 깨닫게 될 때, 당신은 더 이상 당신의 삶을 살지 않게 되기 때문이다. 우리에게 하나님의 의가 체험될 때, 우리는 내가 진정으로 누구인지 알게 되고, 그 결과 율법주의적 신앙에서 벗어나게 되고, 종교의 영에서 해방되며, 진정한 자유 속에서 말씀의 실체인 은혜를 누리는 삶을 살 수 있게 된다.

우리는 듣고 보고 배운 대로 생각하며 살 수밖에 없는 존재다.

7 대저 그 마음의 생각이 어떠하면 그 위인도 그러한즉… 잠 23:7

우리는 우리 마음에 가득한 것을 말하며 살 수밖에 없는 존재다.

45 선한 사람은 마음에 쌓은 선에서 선을 내고 악한 자는 그 쌓은 악에서 악을 내나니 이는 마음에 가득한 것을 입으로 말함이니라 눅 6:45

우리는 더 이상 예수 그리스도를 믿고 죄사함을 받은 것만으로 만족하는 삶을 살아서는 안 된다. 우리는 하나님의 자녀이며 의롭게 된 자다. 그러므로 우리는 날마다 하나님의 의에 대해서 듣고 배우고 묵상하고 체험해야 한다. 이것은 신학적인 칭의(justification)의 개념만으로는 온전히 설명할 수 없고, 그리스도의 영을 통해서 실제적으로 체험해야 한다. <u>내가 의인이라는 사실은 단지 나 자신이 의롭게 되었다는 것을 의미하는 것이 아니라, 이제 내가 하나님의 본질과 생명을 나타내는 존재가 되었다는 것을 뜻한다.</u> 예수 그리스도 안에서 우리는 하나님의 의이다.

> **21** 하나님이 죄를 알지도 못하신 이를 우리를 대신하여 죄로 삼으신 것은 우리로 하여금 그 안에서 하나님의 의가 되게 하려 하심이라 고후 5:21

예수 그리스도를 믿고 처음 신앙생활을 할 때, 우리는 새사람이 되었기 때문에 죄를 짓지 않으려고 노력한다. 그래서 혹시라도 죄를 지을까 봐 두려워한다. 그러나 그 모든 것은 우리 육신과 관련된 일일 뿐이다. 예수 그리스도 안에서 우리의 본질이 (타락한 육적인 존재에서 하나님과 교통하는 영적인 존재로) 변하여 새로운 피조물이 되었을 때, 우리는 본질적으로 죄를 지을 수 없는 존재가 된다. 이것은 우리의 어떤 노력이나 행위 때문이 아니라, 오직 은혜로 인한 것이다. 그런데 놀랍게도, 이제 하나님의 자녀가 된 우리는 예수 그리스도와 같이 하나님의 본질과 본성을 나타내는 존재가 되었다는 생각에 대해서도 두려움을 느낀다.

17 이로써 사랑이 우리에게 온전히 이루어진 것은 우리로 심판 날에 담대함을 가지게 하려 함이니 주께서 그러하심과 같이 우리도 이 세상에서 그러하니라(…because we live like Jesus here in this world) 요일 4:17

'그렇게 생각하고 말해도 되나?', '혹시 하나님께서 불경스럽게 생각하시지 않을까?'와 같은 생각이 밀려오는 것이다. 그러나 우리의 죄사함이 자신의 공로나 행위에 의한 것이 아니라 전적인 은혜로 말미암는 것과 마찬가지로 우리가 하나님의 본질과 본성을 나타내는 놀라운 의를 실현하는 것도 오직 은혜 때문이라는 진리를 믿음으로 취해야 한다. 육신의 생각으로는 절대로 받아들일 수 없기 때문에 영의 생각으로 받아들여야 하는 것이다.

6 육신의 생각은 사망이요 영의 생각은 생명과 평안이니라 롬 8:6

2 칭의란 무엇인가?

구약은 죄의 문제를
신약은 의의 문제를 다룬다

구약은 이 땅에서의 죄의 문제를 다루며, 그 해결책은 인간이 율법을 지키고 행하는 데 있다고 가르친다. 그러나 신약은 예수 그리스도의 대속으로 인하여 죄사함을 받은 자녀들이 하나님나라(하나님의 통치) 안에서 은혜를 누리며 살아가는 의의 문제를 다룬다. 의롭게 하시는 주체는 인간이 아니라 하나님이시다. 칭의의 열매는 하나님의 은혜를 누리는 것이다.

칭의를 이해하기 위해서는 먼저 칭의와 대비되는 정죄에 대해서 아는 것이 중요하다. 정죄란 누군가에게 죄가 있다고 선언하는 것이다. 반면에 칭의는 정죄를 받은 자에게 죄가 없다고 판결할 뿐 아니라 그가 의롭다고 선언하는 것이다.

1 그러므로 이제 그리스도 예수 안에 있는 자에게는 결코 정죄함이 없나니 롬 8:1

33 누가 능히 하나님께서 택하신 자들을 고발하리요 의롭다 하신 이는 하나님이시니 **34** 누가 정죄하리요 죽으실 뿐 아니라 다시 살아나신 이는 그리스도 예수시니 그는 하나님 우편에 계신 자요 우리를 위하여 간구하시는 자시니라 롬 8:33-34

하나님께서 우리를 의롭다 하시는 칭의는 우리의 행위와 공적에 근거한 것이 아니다. 만약 그렇다면 아래의 말씀은 거짓일 수밖에 없다.

5 일을 아니할지라도 경건하지 아니한 자를 의롭다 하시는 이를 믿는 자에게는 그의 믿음을 의로 여기시나니 롬 4:5

하나님께서 우리를 의롭다 하시는 것은 우리가 실제로 죄인임에도 불구하고 그분이 우리를 의롭게 여겨 주신다는 것이다. 하나님께서 경건하지 아니한 자(죄를 짓는 자)를 의롭다고 선언하시는 것은 우리 마음의 실제적인 깨끗함과 거룩함의 정도나 상태에 근거한 것이 아니라 예수 그리스도에 대한 우리의 믿음에 근거한다.

22 곧 예수 그리스도를 믿음으로 말미암아 모든 믿는 자에게 미치는 하나님의 의니 차별이 없느니라 롬 3:22

24 그리스도 예수 안에 있는 속량으로 말미암아 하나님의 은혜로 값 없이 의롭다 하심을 얻은 자 되었느니라 롬 3:24

28 그러므로 사람이 의롭다 하심을 얻는 것은 율법의 행위에 있지 않고 믿음으로 되는 줄 우리가 인정하노라 롬 3:28

죄와 의의 전가

우리가 이 사실을 보다 명확히 이해하기 위해서 죄와 의의 전가에 대해서 알아보자.

첫째, 태초에 아담이 죄를 지었을 때 그 죄가 그의 후손인 모든 인간에게 전가되었다.

12 그러므로 한 사람으로 말미암아 죄가 세상에 들어오고 죄로 말미암아 사망이 들어왔나니 이와 같이 모든 사람이 죄를 지었으므로 사망이 모든 사람에게 이르렀느니라 롬 5:12

둘째, 2천 년 전 예수님이 고난을 당하시고 십자가에서 피 흘려 죽으심으로써 모든 인간의 죄를 속량하셨을 때 인간의 모든 죄가 그리스도에게 전가되었다.

22 율법을 따라 거의 모든 물건이 피로써 정결하게 되나니 피흘림이 없은즉 사함이 없느니라 히 9:22

13 그리스도께서 우리를 위하여 저주를 받은 바 되사 율법의 저주에서 우리를 속량하셨으니 기록된 바 나무에 달린 자마다 저주 아래에 있는 자라 하였음이라 갈 3:13

24 친히 나무에 달려 그 몸으로 우리 죄를 담당하셨으니 이는 우리로 죄에 대하여 죽고 의에 대하여 살게 하심이라 그가 채찍에 맞음으로 너희는 나음을 얻었나니 벧전 2:24

이렇게 볼 때 죄의 전가는 이중적이다. 아담과 인간의 동일시에 근거한 죄의 전가와 인자로 오신 예수 그리스도와 인간의 동일시에 기초한 죄의 전가가 있는 것이다. 우리는 이 두 번째 죄의 전가를 그리스도의 속량이라고 부른다. 흔히 우리는 그리스도의 속량이 구원의 전부인 것처럼 생각하지만, 그리스도의 의가 전가되지 않는 속량은 결국 구원의 반쪽밖에 되지 않는다.

셋째, 예수님께서 음부로 내려가서 사망의 고통을 당하심으로 하나님의 공의를 충족시키셨기 때문에, 그분이 부활하셔서 하나님 보좌 앞으로 나아가심으로 얻게 된 그리스도의 완전한 의가 그분을 믿는 모든 자에게 전가되었다.

> **23 죄의 삯은 사망이요** 하나님의 은사는 그리스도 예수 우리 주 안에 있는 영생이니라 롬 6:23

> **18** 그런즉 한 범죄로 많은 사람이 정죄에 이른 것같이 **한 의로운 행위로 말미암아 많은 사람이 의롭다 하심을 받아** 생명에 이르렀느니라 롬 5:18

> **19** 한 사람이 순종하지 아니함으로 많은 사람이 죄인 된 것같이 **한 사람이 순종하심으로 많은 사람이 의인이 되리라** 롬 5:19

따라서 하나님께서 우리를 의롭다 하시는 것은 우리의 선행으로 얻는 것이 아니라, 우리에게 전가된 그리스도의 의에 기초하여 오직 믿음을 통해서 주어지는 선물이다. 인간적인 판단으로 볼 때 하나님께서 앞의 둘째, 셋째의 전가를 행하셔야 할 아무런 이유가 없으시다. 그러나 하나님은 기꺼이 그렇게 하셨다. 그것이 (받을 자격이 없는 자에게 거저 베푸시는) 은혜의 참된 의미이다.

8 우리가 아직 죄인 되었을 때에 그리스도께서 우리를 위하여 죽으심으로 하나님께서 우리에 대한 자기의 사랑을 확증하셨느니라 롬 5:8

예수 그리스도가 우리의 모든 죄를 사해 주시는 구원자이시며, 우리 삶의 주인이라는 사실을 믿는 우리에게 전가된 그분의 의는 그리스도 안에서 하나님의 의이기도 하다(고후 5:21). 이것은 참으로 놀라운 말씀이 아닐 수 없다. 우리가 하나님의 의가 되었다는 것은 우리가 의인(육신적으로 남보다 거룩한 삶을 사는 상태)이 되었다는 뜻이 아니라, 우리 안에 계신 예수 그리스도로 인하여 하나님 자신의 본질과 본성이 우리에게 전가되었다는 뜻이기 때문이다(롬 3:26). 이것이 바로 예수님이 하나님으로부터 나와서 우리에게 구원이 되시고 의로움이 되셨다는 선언의 의미인 것이다(고전 1:30).

21 하나님이 죄를 알지도 못하신 이를 우리를 대신하여 죄로 삼으신 것은 우리로 하여금 그 안에서 하나님의 의가 되게 하려 하심이라 고후 5:21

26 곧 이때에 자기의 의로우심을 나타내사 자기도 의로우시며 또한 예수 믿는 자를 의롭다 하려 하심이라 롬 3:26

30 너희는 하나님으로부터 나서 그리스도 예수 안에 있고 예수는 하나님으로부터 나와서 우리에게 지혜와 의로움과 거룩함과 구원함이 되셨으니 고전 1:30

예수님은 우리에게 하나님나라의 복음을 전해 주셨고(눅 4:43), 그 나라가 임하면 뜻이 하늘에서 이룬 것같이 이 땅에서도 이루어진다고 말씀하셨다(마 6:10). 따라서 다른 무엇보다도 하나님의 나라와 의를 구하라고 도전하셨다(마 6:33). 우리가 그분의 나라와 의를 구하기 위해서는 반드시 예수 그리스도를 믿어야 한다. 이것이 진정한 하나님나라의 복음이다.

그러나 하나님나라의 복음을 알지 못하는 자에게는 단지 예수 그리스도를 믿음으로 죄사함을 받고 열심히 신앙생활을 잘하면 죽고 나서 천국을 간다는 것만이 중요하게 여겨질 것이다. 그럴 때 칭의는 둘째(죄의 전가), 셋째(의의 전가)를 포함하는 것이 아니라 둘째인 죄의 전가에만 국한된다. 그 때문에 하나님나라의 복음에 대해 무지한 자는 셋째인 의의 전가를 이루기 위해서 자신의 선행과 공적에 기초한 고달픈 삶을 살게 되는 것이다. 오늘날 기독교가 세상에 영향을 미치지 못하는 가장 결정적인 원인이 바로 하나님나라의 복음을 선포하지 않는 것과 그 나라와 의를 구하지 않기 때문이다. 그렇다면 왜 하나님나라의 복음을 알지 못하고 선포하지 못하는가?

28 그러나 내가 하나님의 성령을 힘입어 귀신을 쫓아내는 것이면 하나님의 나라가 이미 너희에게 임하였느니라 마 12:28

하나님나라가 임했다는 것은 우리에게 하나님의 통치가 임했다는 것이며, 그것은 오직 성령 하나님에 의해서 이루어진다. 그러나 성령의 현재적 역사와 우리를 통하여 나타나심을 부정적으로 보는 교리 속에 갇힌 오늘날의 기독교는 하나님나라를 외치기는 하지만 그 나라의 실제적인 삶은 경험하지 못하고 있다.

20 하나님의 나라는 말에 있지 아니하고 오직 능력에 있음이라 고전 4:20

5 이는 우리 복음이 너희에게 말로만 이른 것이 아니라 또한 능력과 성령과 큰 확신으로 된 것임이라 우리가 너희 가운데서 너희를 위하여 어떤 사람이 된 것은 너희가 아는 바와 같으니라 살전 1:5

칭의의 법적인 의미

하나님이 우리를 의롭게 여기시는 것은 단지 과거의 죄사함만을 의미하는 것이 아니라, 예수 그리스도의 완전한 의가 우리에게 전가되는 은혜도 포함하고 있다. 우리가 예수 그리스도를 믿을 때, 하나님께서는 우리의 모든 죄를 속량하신 후 그분의 공의를 충족시키신 (영혼육이 죽고 영으로 부활하셔서 자신의 피로 하나님의 공의를 충족시키고 부활의 몸을 입으신) 그리스도의 온전한 의를 우리에게 전가하심으로써 우리를 완전히 의로운 자가 되게 하셨다. 이것이 칭의의 법적인 의미다. 따라서 우리가 예수 그리스도를 믿을 때 법적으로 그분의 의가 우리에게 전가됨으로써(고전 1:30) 우리는 하나님의 의가 된 것이다(고후 5:21).

그럼에도 불구하고 우리가 여전히 죄의식 가운데 시달리며 하나님과 온전한 관계를 누리지도, 주의 뜻을 이루는 의의 열매를 맺지도 못하는 이유는 무엇일까? 비록 우리가 구원을 얻었고 영은 의로 말미암아 살아 있지만(롬 8:10), 우리는 여전히 자기 마음의 생각에 묶인 삶을 살고 있다. 사탄은 죄를 통하여 우리 마음에 죄의식이 뿌리내리게 함으로써 우리를 제한하고 통제해 왔다. 우리가 그렇게 된 이유는 다음과 같다.

첫째, 당신이 영적 존재로 새롭게 창조되었다는 것을 알지 못하고 있기 때문이다.

> **17** 그런즉 누구든지 그리스도 안에 있으면 새로운 피조물이라 이전 것은 지나갔으니 보라 새 것이 되었도다 고후 5:17

둘째, 당신의 마음이 하나님의 영에 의해서 새롭게 되지 못했기 때문이다.

> **5** 육신을 따르는 자는 육신의 일을, 영을 따르는 자는 영의 일을 생각하나니
> **6** 육신의 생각은 사망이요 영의 생각은 생명과 평안이니라 롬 8:5-6

성령체험을 통하여 당신의 마음이 하나님의 영에 의해서 통치받는 것을 경험할 때(즉, 영의 생각이 부어질 때), 비로소 당신이 영적 존재이며 예수 그리스도 안에서 하나님의 의라는 사실이 믿어지게 된다. 그때부터 하나님은 우리의 영으로부터 의를 통하여 우리의 마음을 변화시키고 그분과 연합하도록 하신다.

10 또 그리스도께서 너희 안에 계시면 몸은 죄로 말미암아 죽은 것이나 영은 의로 말미암아 살아 있는 것이니라 **11** 예수를 죽은 자 가운데서 살리신 이의 영이 너희 안에 거하시면 그리스도 예수를 죽은 자 가운데서 살리신 이가 너희 안에 거하시는 그의 영으로 말미암아 너희 죽을 몸도 살리시리라 **롬 8:10-11**

법적으로 볼 때 하나님께서 우리를 의롭게 여기시는 것은 우리의 혼과 육의 상태가 아니라 우리에게 전가된 그리스도의 의에 근거한 것이다. 또한 실제적인 측면에서 그분은 우리 안에 계신 그리스도의 영을 보시는 것이지 우리 혼과 육의 상태를 보시는 것이 아니다.

우리가 예수 그리스도를 믿고 중생한다는 것은 우리 삶의 주체가 더 이상 자신이 아니라 그리스도라는 사실을 믿고 받아들이는 것이다.

20 내가 그리스도와 함께 십자가에 못 박혔나니 그런즉 이제는 내가 사는 것이 아니요 오직 내 안에 그리스도께서 사시는 것이라 이제 내가 육체 가운데

사는 것은 나를 사랑하사 나를 위하여 자기 자신을 버리신 하나님의 아들을 믿는 믿음 안에서 사는 것이라 갈 2:20

또한 더 이상 타락한 존재가 아닌 하나님과 생명적으로 관계하는 영적 존재로 새롭게 태어나는 것이다(요 3:6). 그것은 내가(옛 자아가) 현재의 자신을 바라보는 것이 아니라, 하나님께서 예수 그리스도의 의를 통해서 나를 바라보시는 것을 믿음으로 받아들이는 것이다. 이로 인해 우리는 예수 그리스도 안에서 새로운 피조물이 되는 것이다.

24 하나님을 따라 의와 진리의 거룩함으로 지으심을 받은 새 사람을 입으라 엡 4:24

9 그 안에서 발견되려 함이니 내가 가진 의는 율법에서 난 것이 아니요 오직 그리스도를 믿음으로 말미암은 것이니 곧 믿음으로 하나님께로부터 난 의라 빌 3:9

영적인 존재란 더 이상 육신의 생각을 하는 자가 아니라, 영의 생각을 하는 자이다. 이 말은 우리가 더 이상 옛 자아에 기초하여 (오감으로 감지되는) 자연세계에 국한된 인식만으로 살아가는 자가 아니라, 그리스도 안에서 창조된 새생명에 기초하여 눈에 보이지 않고 우리의 생각과 전혀 다른 생명의 말씀에 대해 열린 인식을 가진 자가 되었다는 의미다. 다른 말로, 우리의 마음이 옛 자아에 의해서 통치함을 받는 것이 아니라, 그리스도의 영에 의해서 통치함을 받게 되었다는 것이다.

> **6** 육신의 생각은 사망이요 영의 생각은 생명과 평안이니라 **7** 육신의 생각은 하나님과 원수가 되나니 이는 하나님의 법에 굴복하지 아니할 뿐 아니라 할 수도 없음이라 롬 8:6-7

하나님은 우리의 자아와 교제하시는 것이 아니라, 우리 안에 계신 그리스도를 통하여 우리를 보신다. 그렇기 때문에 우리를 의롭게 보시는 것이다. 따라서 자신이 더 이상 타락한 육적 존재가 아니라 하나님과 교통하는 영적인 존재라는 사실을 아는 자만이 자신이 그리스도 안에서 하나님의 의라는 사실을 받아들이고 체험할 수 있다. 그런데 사탄은 우리로 하여금 육적인 죄를 짓게 함으로써 이미 죽은 옛 자아가 다시 우리 삶의 주인 노릇을 하도록 만든다. 그 결과 우리는 죄의식 속에서 죄책감을 느끼며 자신을 정죄하게 되고, 예수 그리스도 안에 거하는 하나님의 의가 될 수 없게 된다. 이것이 바로 사탄의 궤계이다.

공적이나 행위가 아니라 오직 믿음으로 의롭게 된다는 진리를 믿을 뿐 아니라, 자신이 더 이상 육적인 존재가 아닌 영적인 존재이며, 하나님께서 자신 안에 계신 그리스도의 전가된 의로 말미암아 자신을 의롭게 여기신다는 것을 아는 자는 더 이상 육신의 죄로 인하여 스스로를 정죄하거나 과거와 같은 육적인 존재의 삶으로 돌아가지 않는다. 동시에 실제 삶에서 우리 혼과 육은 여전히 죄악 가운데 있다는 것을 아는 자는 그 죄로 인하여 그리스도 안에서 새로운 피조물의 은혜를 더 풍성히 체험하게 될 것이며, 그리스도의 영의 인도하심 아래 영으로써 몸의 행실을 죽여 가는 성화의 진리를 더 깊이 깨닫게 될 것이다. 그것이 바로 하나님의 의를 이루어 가는 삶이다.

1 그러므로 이제 그리스도 예수 안에 있는 자에게는 결코 정죄함이 없나니 롬 8:1

33 누가 능히 하나님께서 택하신 자들을 고발하리요 의롭다 하신 이는 하나님이시니 **34** 누가 정죄하리요 죽으실 뿐 아니라 다시 살아나신 이는 그리스도 예수시니 그는 하나님 우편에 계신 자요 우리를 위하여 간구하시는 자시니라 롬 8:33-34

사탄은 우리로 하여금 영적 존재가 되지 못하도록 함으로써 우리가 하나님의 의가 된 것을 알지 못하도록 방해하는 데 총력을 기울인다. 왜냐하면 우리가 하나님의 의라는 사실을 알게 되는 순간, 비로소 우리는 아무 죄의식 없이 하나님 앞으로 담대히 나아갈 수 있을 뿐 아니라 사탄을 대적함으로써 이 땅에서 사탄의 일을 멸하는 주의 뜻을 이룰 수 있기 때문이다.

우리가 하나님의 의가 된 것은 결코 변화하는 과정이 될 수 없다. 왜냐하면 예수 그리스도를 믿음으로 하나님으로부터 난 의는 있거나 없거나 둘 중 하나이지, 자라거나 성숙되는 것이 아니기 때문이다. 다시 말해서, 우리의 육체가 거룩한 삶을 살고 있든지 그렇지 못하든지, 여전히 죄를 짓고 있든지 그렇지 않든지 상관없이 우리의 본성 자체는 이미 하나님의 의라는 것이다. 내 안에 계신 예수 그리스도의 의로 인하여 나는 이미 하나님의 의가 된 것이다. 성령님의 계시로 말미암아 하나님의 의에 대해 실제적으로 얼마나 의식하고 이해하는가의 문제에는 차이가 있을지 몰라도, 우리가 하나님의 의라는 사실은 우리의 상태나 조건에 따라 변할 수 없는 것이다.

8 너희는 그 은혜에 의하여 믿음으로 말미암아 구원을 받았으니 이것은 너희에게서 난 것이 아니요 하나님의 선물이라 엡 2:8

24 그리스도 예수 안에 있는 속량으로 말미암아 하나님의 은혜로 값 없이 의롭다 하심을 얻은 자 되었느니라 롬 3:24

다음 장에서는 예수님의 대속 사건을 보다 정확히 깨닫고 체험함으로써 어떻게 죄의식으로부터 완전히 자유롭게 될 수 있는가(즉, 의롭게 될 수 있는가)에 대해 알아보도록 하자.

CHAPTER

3 우리는 어떻게 의롭게 되는가?

우리가 하나님의 의라는 사실은 신학적 개념을 믿는 것이 아니라 실제적으로 체험되어야 할 실체다. 이제 예수 그리스도의 대속과 하나님의 공의를 만족시키신 과정을 구체적으로 살펴봄으로써, 우리의 죄사함과 칭의의 비밀을 더 정확하게 알고 체험하도록 하자.

인간의

두 가지 죽음

하나님이 우리를 창조하실 때 그분의 영이 우리에게 임하셨다(창 2:7). 그 영은 하나님의 본질, 본성, 생명, 영광이다. 따라서 하나님의 영에 의해서 생령이 된 우리는 원래 그분의 마음으로 세상을 보고 그분의 뜻을 이루는 존재였다. 그러나 우리가 죄로 인하여 타락하자(하나님의 영광이 떠남으로 인하여 영적 죽음을 맞이하게 되었을 때), 우리는 사탄의 통치 아래 육적인 삶을 살아야 하는 존재가 되고 말았다. 그 결과 우리의 온전치 못한 마음은 하나님의 마음이라는 절대 기준과 비교했을 때 늘 죄의식을 가질 수밖에 없게 되었다.

우선 "죄의 삯은 사망이니라"는 말에 대해서 생각해 보자. 이것은 하나님께서 정하신 법이다. 죄로 인하여 인간에게 죽음이 찾아왔다. 하나님의 관점에서 인간의 죽음은 두 번에 걸쳐서 일어난다. 인간은 영적 죽음의 결과로 육적 죽음을 맞이하게 된다.

16 여호와 하나님이 그 사람에게 명하여 이르시되 동산 각종 나무의 열매는 네가 임의로 먹되 17 선악을 알게 하는 나무의 열매는 먹지 말라 네가 먹는 날에는 반드시 죽으리라 하시니라 창 2:16-17

하나님께서 "반드시 죽으리라"고 말씀하신 것은 육체의 죽음이 아닌 영적 죽음(하나님의 영이 떠나가심으로써 하나님으로부터 단절되는 것)을 의미한다. 영적으로 죽은 우리는 더 이상 하나님의 영의 인도함을 받지 못하는 까닭에, 세상 신의 본성과 본질을 나타내는 존재로 전락하고 말았다. 하나님과 교제가 단절된 영혼의 어둠은 삶의 목적과 가치와 의미를 잃어버리는 가장 근원적인 죽음이며, 그 결과 인간은 타락한 존재로서 오직 자신의 육체를 만족시키기 위해서 또는 고통을 회피하기 위해서 살아갈 뿐이다.

> 2 그때에 너희는 그 가운데서 행하여 이 세상 풍조를 따르고 공중의 권세 잡은 자를 따랐으니 곧 지금 불순종의 아들들 가운데서 역사하는 영이라 엡 2:2

그로 인해 인간은 죄와 사탄의 세력 아래 놓이게 되었고, 온갖 고난과 육체적 죽음(하나님이 정하신 것이 아니라 가난, 고통, 질병, 사탄의 묶임 등으로 인한 육체의 파괴적인 죽음)을 피할 수 없게 되었다. 이것이 바로 두 번째 죽음이다. 우리의 육체가 죽음을 맞이할 때, 마침내 우리의 영혼은 음부로 내려가거나 천국으로 올라가게 된다. 그때 그 영혼이 어떤 영에 의해서 통치함을 받는지에 따라 상반된 결과의 심판을 받게 되는 것이다.

예수 그리스도의 죽으심이 의미하는 것

하나님의 독생자이신 예수님은 하나님나라의 복음을 전하시고 모든 인간이 다시 하나님의 통치 안에 살도록 하기 위해서 이 땅에 성육신하셨다.

3 그의 아들에 관하여 말하면 육신으로는 다윗의 혈통에서 나셨고 **4** 성결의 영으로는 죽은 자들 가운데서 부활하사 능력으로 하나님의 아들로 선포되셨으니 곧 우리 주 예수 그리스도시니라 롬 1:3-4

18 예수 그리스도의 나심은 이러하니라 그의 어머니 마리아가 요셉과 약혼하고 동거하기 전에 성령으로 잉태된 것이 나타났더니 마 1:18

구약에서 예언된 바와 같이 예수님은 육신적으로는 다윗의 씨에서 나셨지만, 그 생명은 성령으로 잉태되었다. 그분은 우리와 같은 육신을 입고 이 땅의 삶을 사셨지만, 우리와는 달리 죄가 없으신 분이었다.

15 우리에게 있는 대제사장은 우리의 연약함을 동정하지 못하실 이가 아니요 모든 일에 우리와 똑같이 시험을 받으신 이로되 죄는 없으시니라 히 4:15

하나님께서는 우리에게 의를 전가하시기 위해서 예수님께 인류의 모든 죄를 전가하셨다. 예수님은 죄인들이 받아야 할 모든 형벌을 대신 담당하고 죽으심으로써 우리의 죄를 대속하셨다. 그분은 우리의 영혼과 육체로 저지른 모든 죄에 대한 형벌을 남김없이 받으셨다. 그 속에는 죄악으로 인한 육체적 고통뿐만 아니라 하나님의 부재로 인한 혼적 고통, 육적인 죽음과 사망의 고통 등이 모두 포함되어 있다. 이처럼 예수님은 하나님의 공의를 만족시키기 위해서 스스로 죄인의 자리로 나아가셨으며, 인간이 저지를 수 있는 모든 죄와 악함을 한 몸에 짊어지셨다.

예수님은 공생애 마지막 때 유대 종교 지도자들에 의해서 고난을 받으셨다. 또한 제자들로부터도 배신을 당하셨다. 그러나 이 모든 일은 예수님께서 부지중에 당하신 뜻밖의 사건들이 아니라, 그분이 이미 알고 계셨으며 하나님의 뜻을 이루기 위한 과정으로 기꺼이 담당하신 것이었다.

> **4** 그는 실로 우리의 질고를 지고 우리의 슬픔을 당하였거늘 우리는 생각하기를 그는 징벌을 받아 하나님께 맞으며 고난을 당한다 하였노라 **5** 그가 찔림은 우리의 허물 때문이요 그가 상함은 우리의 죄악 때문이라 그가 징계를 받으므로 우리는 평화를 누리고 그가 채찍에 맞으므로 우리는 나음을 받았도다
> 사 53:4-5

예수님은 죄인인 인간이 겪어야 할 죽음과 동일한 죽음을 경험하셨다. 하나님의 공의를 만족시키기 위해서 예수님은 하나님으로부터 버림받아야 했으며, 영적 죽음과 육체적 죽음의 고통을 모두 경험하셔야 했던 것이다. 우리는 흔히 예수님의 영적 죽음이나 육체적 죽음 중 한쪽만을 강조함으로써 예수 대속의 놀라운 비밀을 제대로 깨닫지 못하는 우를 범하고 있다.

먼저 십자가 위에서 예수님이 경험하신 영적 죽음의 고통에 대해서 생각해 보자. 예수님께서 십자가에 달리셨을 때, 하나님은 독생자이신 예수님과 영적 관계를 끊으셨다. 이러한 일은 죄가 있는 자에게만 일어나는 일이지만, 하나님께서는 우리의 죄악을 예수님께 담당시킴으로써 자신의 아들을 죄인 취급하며 외면하셨던 것이다.

46 제구 시쯤에 예수께서 크게 소리 질러 이르시되 **엘리 엘리 라마 사박다니 하시니 이는 곧 나의 하나님, 나의 하나님, 어찌하여 나를 버리셨나이까** 하는 뜻이라 **47** 거기 섰던 자 중 어떤 이들이 듣고 이르되 이 사람이 엘리야를 부른다 하고 **48** 그중의 한 사람이 곧 달려가서 해면을 가져다가 신 포도주에 적시어 갈대에 꿰어 마시게 하거늘 **49** 그 남은 사람들이 이르되 가만 두라 엘리야가 와서 그를 구원하나 보자 하더라 **50 예수께서 다시 크게 소리 지르시고 영혼이 떠나시니라** 마 27:46-50

하나님의 영이 떠난 영혼은 결국 죄와 저주 아래 놓이게 된다. 예수님의 영혼도 마찬가지였다. 이때 그분이 당하신 말할 수 없는 고통을 제대로 깨닫는 것이 매우 중요하다. 우리는 흔히 예수님이 십자가 죽음을 통해 우리가 지은 모든 죄를 대속해 주셨기 때문에 죄 사함을 받았다고 믿는다. 그러나 우리는 실제 삶 속에서 만성적인 죄의식, 죄책감, 정죄감, 열등감 그리고 두려움 등으로부터 자유롭지 못하다. 심지어 이러한 부정적인 생각과 감정을 어쩔 수 없는 것으로 여길 뿐 아니라 당연한 것으로 생각하기까지 한다. 결국 모든 문제는 우리가 죽고 나서 언젠가 부활의 새 삶을 얻게 되면 다 해결될 것이라는 막연한 소망이 마지막 위로가 된다.

그러나 죄를 지은 인간이 두 번의 죽음을 경험하는 것처럼 죄 없으신 예수 그리스도께서도 우리의 모든 죄와 저주를 사해 주시기 위해 동일한 이중적 죽음을 경험하셨다는 것은 그분으로 말미암아 우리가 육체와 영혼이 죽은 상태에서 자유하게 되었음을 의미한다. 예수님은 육신적인 죽음을 통하여 우리가 행한 죄만 대속하신 것이 아니라, 영적 죽음을 통하여(하나님과의 영적 관계가 끊어짐으로써 마음의 고통과 상처를 받으심) 우리가 가지고 있는 타락한 마음의 태도(죄의식, 죄책감, 정죄감, 열등감, 두려움 등)도 대속하신 것이다.

> **13** 염소와 황소의 피와 및 암송아지의 재를 부정한 자에게 뿌려 그 육체를 정결하게 하여 거룩하게 하거든 **14** 하물며 영원하신 성령으로 말미암아 흠 없는 자기를 하나님께 드린 그리스도의 피가 어찌 너희 양심을 죽은 행실에서 깨끗하게 하고 살아 계신 하나님을 섬기게 하지 못하겠느냐 히 9:13-14

이 말씀은 우리가 실제 삶에서 더 이상 죄의식과 죄책감, 정죄감과 열등감 등에 시달릴 필요가 없으며, 그래서도 안 된다는 것을 의미한다. 만약 우리가 죄사함 받고도 여전히 그러한 파괴적인 감정에 시달리고 있다면, 그것은 예수님의 대속 사건을 온전히 깨닫지 못했다는 것을 반증하는 것이다.

1 그러므로 이제 그리스도 예수 안에 있는 자에게는 결코 정죄함이 없나니 롬 8:1

정죄함으로부터의 자유함은 이제 우리가 현실의 삶에서 더 이상 죄를 짓지 않는다거나 죄의식이 완전히 없어졌다는 것이 아니다. 그것은 아무리 사탄이 죄를 통하여 우리 마음에 죄의식과 죄책감을 집어넣고 염려, 근심, 걱정, 불안, 두려움, 열등감 등으로 공격해 와도, 우리의 마음이 그것에 묶여 있어서는 안 된다는 의미다. 왜냐하면 예수 그리스도께서 우리 대신 그 모든 마음의 고통을 담당하셨고, 이제는 우리 안에 계시기 때문이다. 만약 예수님께서 영적인 죽음 없이 육체적인 죽음만을 당하셨다면, 그분은 우리의 죄를 온전히 사하시지 못했을 것이다. 죄로 인하여 영혼과 육체 모두가 사망에 처한 온 인류를 구속하시기 위해서 예수님은 스스로 죄인이 되셔서 우리가 당해야 하는 두 가지 죽음을 동일하게 경험하신 것이다. 그 결과 그분의 영혼은 음부로 내려가셨다.

9 그는 강포를 행하지 아니하였고 그의 입에 거짓이 없었으나 그의 무덤이 악인들과 함께 있었으며 그가 죽은 후에 부자와 함께 있었도다 사 53:9

예수님의 대속에 대한 이사야의 예언에서 "죽은"으로 번역된 히브리어 단어가 원래 복수로 되어 있다는 사실에 주목할 필요가 있다. 예수님이 십자가에 달리셨을 때, 하나님은 우리의 모든 죄악을 아무 죄 없는 예수님께 담당시킴으로써 그분이 하나님의 아들이 아닌 죄인이 되게 하셨다. 예수님이 당하신 가장 큰 고통은 육체적 고통이 아니라 하나님 아버지와 영적인 관계가 끊어짐으로써 아버지의 부재를 느껴야 했던 혼적 고통이었다. 예수님은 친히 하나님의 진노를 경험하셨으며, 하나님의 공의를 만족시킬 때까지 형언할 수 없는 고통 가운데 거하셔야 했던 것이다.

그리스도인이 간과하는
복음의 의미

음부로 내려가신 그리스도의 영혼은 사흘 밤낮 동안 사망의 고통을 받으셨다. 그리고 성령님에 의해서 음부의 권세를 이기시고 다시 살아나셨다. 바로 이것이 육체로는 죽임을 당하시고 영으로는 의롭다 하심(살리심)을 받았다는 말씀의 의미인 것이다.

> **18** 그리스도께서도 단번에 죄를 위하여 죽으사 의인으로서 불의한 자를 대신하셨으니 이는 우리를 하나님 앞으로 인도하려 하심이라 **육체로는 죽임을 당하시고 영으로는 살리심을 받으셨으니** 벧전 3:18

사망 권세를 이기신 예수님은 새로운 부활의 몸을 입으시고 먼저 천사와 마리아에게 자신을 보이셨으며, 그 후 제자들과 여러 성도에게도 나타나셨다. 예수님은 만물보다 먼저 계셨고 만물을 창조하신 영원한 말씀이시지만, 그분은 우리의 죄를 속량하시기 위해 죽임을 당하셨고, 죽은 자 가운데서 부활하셔서 최초로 하나님의 생명으로 다시 태어나셨다. 이것이 바로 중생(거듭남)의 원형이다.

16 크도다 경건의 비밀이여, 그렇지 않다 하는 이 없도다 그는 육신으로 나타난 바 되시고 **영으로 의롭다 하심을 받으시고** 천사들에게 보이시고 만국에서 전파되시고 세상에서 믿은 바 되시고 영광 가운데서 올려지셨느니라 딤전 3:16

17 또한 그가 만물보다 먼저 계시고 만물이 그 안에 함께 섰느니라 **18** 그는 몸인 교회의 머리시라 그가 근본이시요 **죽은 자들 가운데서 먼저 나신 이시니** 이는 친히 만물의 으뜸이 되려 하심이요 골 1:17-18

33 곧 하나님이 예수를 일으키사 우리 자녀들에게 이 약속을 이루게 하셨다 함이라 **시편 둘째 편에 기록한 바와 같이 너는 내 아들이라 오늘 너를 낳았다 하셨고** 행 13:33

하나님은 우리의 죄를 사하시고 우리를 다시 그분의 자녀로 삼으시는 약속을 이루기 위해서 예수님으로 하여금 영적 죽음과 육체적 죽음을 경험하게 하셨고(피흘림이 없이는 죄사함이 없기 때문에), 음부의 고통을 받게 하셨으며(죄의 삯은 사망이기 때문에), 하나님의 영으로 다시 살리셨다. 이를 통해 예수님은 하나님의 아들로 다시 태어나 하나님 아버지의 완전한 의가 되셨다.

그러므로 우리가 예수 그리스도의 죽으심에 연합할 때 우리의 모든 죄가 그분의 죽으심에 전가될 뿐 아니라, 그분의 완전한 의가 또한 우리에게 전가되어 우리가 예수 그리스도 안에서 거듭나게 되는 것이다. 그리스도의 의가 우리에게 전가되었다는 것은 그분의 영이 친히 우리 안에 오심으로 말미암아 우리가 거듭난 하나님의 자녀가 되었으며, 예수 그리스도 안에서 하나님의 의가 되었다는 것을 의미한다.

예수님은 우리의 죄를 사하기 위해 불의가 되셨을 뿐만 아니라, 우리를 하나님의 자녀 되게 하기 위해서 의가 되셨다. 그런데 많은 그리스도인들은 예수님이 단지 우리의 죄를 사하기 위해서 십자가를 지셨다는 사실에만 초점을 맞추고 열심히 신앙생활을 하고 있다. 이것이 바로 복음의 핵심인 자아정체성과 은혜를 제대로 체험하지 못하는 이유이기도 하다. 예수 그리스도께서 우리를 위하여 친히 하나님의 불의가 되셨고, 다시 우리를 위하여 하나님의 의가 되셨다는 사실을 이해할 때, 우리는 그분 안에서 내가 진정으로 누구인지를 알게 된다.

25 예수는 우리가 범죄한 것 때문에 내줌이 되고 또한 우리를 의롭다 하시기 위하여 살아 나셨느니라 **롬 4:25**

속죄의 완성

구원받은 우리의 신분과 정체성을 온전히 알기 위해서는 예수님께서 우리의 구원을 위해서 어떤 역할을 하셨는지를 정확하게 아는 것이 중요하다. 흔히 우리는 예수님께서 우리의 죄를 대속하기 위한 어린양으로 오셨다는 사실만을 강조하며(요 1:29), 희생제물 되신 그분을 믿음으로써 죄사함을 얻게 되었다고 생각한다. 그러나 단지 이 사실에 근거해서 죄사함을 받았다고 믿는다면, 당신은 구원의 확신을 가지지 못하게 될 것이다.

이것은 레위기 16장에 나오는 구약의 제사의식을 통해서도 생각해 볼 수 있다. 대제사장이 놋제단에서 염소와 송아지를 잡아 희생제물의 피를 흘리는 것만으로 제사를 드리는 자의 죄가 속해지는가? 우리는 그렇지 않다는 것을 잘 안다. 대제사장이 그 피를 들고 지성소에 들어가서 속죄소에 뿌릴 때, 비로소 백성의 모든 죄가 속죄되는 것이다. 그렇다면 예수님의 대속도 마찬가지다. 단지 그분께서 육체적으로 죽으시고 피를 흘리신 것 자체로는 아직 우리의 속죄가 이루어진 것이 아니다.

하나님의 말씀인 성경은 우리가 예수 그리스도 안에서 새로운 피조물이요 하나님의 의이며 자녀라고 선언한다. 그러나 생각해 보라. 만약에 우리의 속죄가 단지 예수 그리스도의 육체적 죽음만으로 완성되는 것이라면, 십자가 대속만을 강조하고 믿어 온 우리는 단지 죄 사함을 받은 신자에 불과한 것이 아닌가? 그렇다면 우리는 어떻게 하나님의 의와 자녀가 될 수 있는가에 대한 의문이 남게 된다. 그동안 우리는 예수님의 십자가 죽음과 죄사함에 대해서는 많이 이야기 했지만, 그분이 우리를 위해서 행하신 일에 대해서는 깊이 생각하지 못했던 것 같다. 다른 말로, 예수님이 우리를 하나님 아버지와 화목하게 하셨고, 우리로 하여금 그분 앞에 흠 없고 책망할 것 없는 자로 서게 하셨다는 진리를 충분히 이해하지 못했다는 이야기다.

> **20** 그의 십자가의 피로 화평을 이루사 만물 곧 땅에 있는 것들이나 하늘에 있는 것들이 그로 말미암아 자기와 화목하게 되기를 기뻐하심이라 **21** 전에 악한 행실로 멀리 떠나 마음으로 원수가 되었던 너희를 **22 이제는 그의 육체의 죽음으로 말미암아 화목하게 하사 너희를 거룩하고 흠 없고 책망할 것이 없는 자로 그 앞에 세우고자 하셨으니** 골 1:20-22

예수님이 십자가 위에서 피 흘려 죽으신 것은 우리의 죄사함을 위한 조건은 되지만, 그 자체가 우리 속죄의 완성은 아니다. 물론 십자가 대속에 대한 믿음이 필요하고 중요하지만, 우리가 예수님의 죽으심과 피 흘리심을 믿는다고 해서(그 객관적 사실을 나의 주관적인 믿음으로 받아들인다고 해서) 자동으로 속죄가 이루어지는 것은 아니다. 진정한 속죄를 위해서는 우리 편에서의 믿음만이 아니라 하나님 편에서의 용납하심이 반드시 필요하며, 그것은 예수 그리스도 안에서 하나님과 우리의 관계 가운데 일어나는 것이다.

그리스도께서 우리를 대속하시고 우리 가운데 이루시는 칭의와 성화의 사역은 단지 그분의 죽으심만으로 성취되는 것이 아니라, 일련의 구속적 사건들(즉, 그분의 고난, 하나님 아버지로부터의 영적 분리, 피 흘리심과 육체적인 죽음, 음부에서 당하신 사망의 고통, 영광스러운 부활, 그리스도의 피가 하나님 아버지에 의해서 용납됨, 하늘로 올리우사 하나님 우편에 앉으심, 그리고 성령으로 우리 안에 오심)을 모두 전제하는 것이다.

특별히 깊이 생각해 보아야 할 사실은, 예수님이 우리의 속죄를 위한 하나님의 어린양으로 이 땅에 오셨을 뿐만 아니라, 우리를 대신하여 하나님의 공의를 충족시키는 대제사장으로서, 그리고 우리를 하나님과 화목하게 하시는 중재자(중보자)로서 오셨다는 것이다. 우리가 이 진리를 제대로 깨달아야만 예수 그리스도 안에서 속죄함을 얻을 뿐만 아니라 하나님의 자녀로서 그분과 생명적 관계를 누리며 살 수 있다. 십자가에서 죽으심으로써 우리를 위한 희생제물이 되신 예수님은 부활하신 후 대제사장으로서 하나님의 공의를 만족시키셨을 뿐 아니라, 중재자이신 그분 자신 안에서 우리를 하나님 아버지와 화목하게 만드셨다. 이는 이제 예수 그리스도로 말미암아 불완전한 옛 언약의 희생제물(제사)이나 제사장 제도가 더 이상 필요없게 되었으며, 하나님의 뜻인 율법이 온전히 성취되었음을 의미한다.

대제사장이신
예수 그리스도

자신을 대속물로 드리신 예수 그리스도께서 부활하셔서 대제사장의 역할을 어떻게 수행하셨는가를 알기 위해서는 구약의 대제사장이 행하던 속죄의식과 예수님이 행하신 일들을 비교해 볼 필요가 있다.

> **14** 그러므로 우리에게 큰 대제사장이 계시니 승천하신 이 곧 하나님의 아들 예수시라 우리가 믿는 도리를 굳게 잡을지어다 히 4:14

예수님은 죽으시고 새생명으로 부활하신 첫 번째 사람이 되셨다. 하나님께서는 예수님을 새로 낳은 아들이라고 칭하시며, 레위 가문의 출신이 아니라 멜기세덱의 반차를 따른 새로운 대제사장이 되게 하셨다.

> **5** 또한 이와 같이 그리스도께서 대제사장 되심도 스스로 영광을 취하심이 아니요 오직 말씀하신 이가 **그에게 이르시되 너는 내 아들이니 내가 오늘 너**

를 낳았다 하셨고 **6** 또한 이와 같이 다른 데서 말씀하시되 네가 영원히 멜기세덱의 반차를 따르는 제사장이라 하셨으니 **7** 그는 육체에 계실 때에 자기를 죽음에서 능히 구원하실 이에게 심한 통곡과 눈물로 간구와 소원을 올렸고 그의 경건하심으로 말미암아 들으심을 얻었느니라 **8** 그가 아들이시면서도 받으신 고난으로 순종함을 배워서 **9** 온전하게 되셨은즉 자기에게 순종하는 모든 자에게 영원한 구원의 근원이 되시고 **10 하나님께 멜기세덱의 반차를 따른 대제사장이라 칭하심을 받으셨느니라** 히 5:5-10

율법에 의한 첫 언약도 피로 세운 언약이었다. 하나님께서는 인간의 죄를 사하기 위해서 구약의 제사장을 세우셨고, 그로 하여금 이 땅에 있는 성소에서 예법에 따라 제사를 드리게 하셨다.

28 율법은 약점을 가진 사람들을 제사장으로 세웠거니와 **율법 후에 하신 맹세의 말씀은 영원히 온전하게 되신 아들을** 세우셨느니라 히 7:28

1 첫 언약에도 섬기는 예법과 세상에 속한 성소가 있더라 히 9:1

대제사장은 번제단에서 죽인 희생제물의 피를 가지고 홀로 지성소에 들어가 자기와 백성의 허물을 사함 받기 위해서 그 피를 속죄소에 뿌려야 했다.

7 오직 둘째 장막은 대제사장이 홀로 일 년에 한 번 들어가되 자기와 백성의 허물을 위하여 드리는 피 없이는 아니하나니 히 9:7

그러나 첫 언약에 따른 구약의 모든 반복적인 제사들은 우리 육신의 죄를 덮어 줄 수는 있었지만 우리를 온전케 할 수는 없었다.

1 율법은 장차 올 좋은 일의 그림자일 뿐이요 참 형상이 아니므로 **해마다 늘 드리는 같은 제사로는 나아오는 자들을 언제나 온전하게 할 수 없느니라 2** 그렇지 아니하면 섬기는 자들이 단번에 정결하게 되어 다시 죄를 깨닫는 일이 없으리니 어찌 제사 드리는 일을 그치지 아니하였으리요 **3 그러나 이 제사들에는 해마다 죄를 기억하게 하는 것이 있나니 4** 이는 황소와 염소의 피가 능히 죄를 없이 하지 못함이라 히 10:1-4

그러나 대제사장이신 예수님은 새로운 완전한 제사를 드리셨다. 죽으시고 부활하신 그분은 자신의 보배로운 피를 가지고 친히 하나님 앞으로 나아가셨다. 예수님은 이 땅의 성막에서가 아니라 더 크고 온전한 장막인 하늘의 보좌 앞에서 제사를 드리신 것이다.

11 그리스도께서는 장래 좋은 일의 대제사장으로 오사 손으로 짓지 아니한 것 곧 이 창조에 속하지 아니한 **더 크고 온전한 장막으로 말미암아 12** 염소와 송아지의 피로 하지 아니하고 오직 **자기의 피로 영원한 속죄를 이루사** 단

번에 성소에 들어가셨느니라 **13** 염소와 황소의 피와 및 암송아지의 재를 부정한 자에게 뿌려 그 육체를 정결하게 하여 거룩하게 하거든 **14** 하물며 영원하신 성령으로 말미암아 흠 없는 자기를 하나님께 드린 **그리스도의 피가 어찌 너희 양심을 죽은 행실에서 깨끗하게 하고 살아 계신 하나님을 섬기게 하지 못하겠느냐 15** 이로 말미암아 **그는 새 언약의 중보자시니** 이는 첫 언약 때에 범한 죄에서 속량하려고 죽으사 부르심을 입은 자로 하여금 영원한 기업의 약속을 얻게 하려 하심이라 히 9:11-15

하늘의 참된 것들의 모형인 이 땅의 장막에서 드려진 율법적 제사는 대제사장이 동물의 피를 가지고 지성소에 들어가서 뿌리는 제사였지만, 예수님은 자기와 백성의 죄를 위하여 자신의 보배로운 피를 가지고 하나님 앞으로 나아가셨던 것이다.

23 그러므로 하늘에 있는 것들의 모형은 이런 것들로써 정결하게 할 필요가 있었으나 하늘에 있는 그것들은 이런 것들보다 **더 좋은 제물로** 할지니라 **24** 그리스도께서는 참 것의 그림자인 **손으로 만든 성소에 들어가지 아니하시고 바로 그 하늘에 들어가사** 이제 우리를 위하여 하나님 앞에 나타나시고 히 9:23-24

그리고 단번에 자신을 드림으로써 날마다 드려야 했던 불완전한 제사를 폐하셨다.

27 그는 저 대제사장들이 먼저 자기 죄를 위하고 다음에 백성의 죄를 위하여 날마다 제사 드리는 것과 같이 할 필요가 없으니 **이는 그가 단번에 자기를 드려 이루셨음이라** 히 7:27

25 대제사장이 해마다 다른 것의 피로써 성소에 들어가는 것같이 자주 자기를 드리려고 아니하실지니 **26** 그리하면 그가 세상을 창조한 때부터 자주 고난을 받았어야 할 것이로되 **이제 자기를 단번에 제물로 드려 죄를 없이 하시려고 세상 끝에 나타나셨느니라** 히 9:25-26

이처럼 우리가 예수 그리스도 안에서 담대히 하나님 앞에 설 수 있는 것은 예수님이 친히 대속물이 되어 자신의 피를 흘리셨을 뿐 아니라, 대제사장으로서 그 피를 가지고 하늘의 지성소에 들어가 하나님의 공의를 완전히 충족시키셨기 때문이다.

19 우리가 이 소망을 가지고 있는 것은 영혼의 닻 같아서 튼튼하고 견고하여 휘장 안에 들어가나니 **20 그리로 앞서 가신 예수께서 멜기세덱의 반차를 따라 영원히 대제사장이 되어 우리를 위하여 들어가셨느니라** 히 6:19-20

19 그러므로 형제들아 우리가 예수의 피를 힘입어 성소에 들어갈 담력을 얻었나니 20 그 길은 우리를 위하여 휘장 가운데로 열어 놓으신 새로운 살 길이요 휘장은 곧 그의 육체니라 **21** 또 하나님의 집 다스리는 큰 제사장이 계시매

22 우리가 마음에 뿌림을 받아 악한 양심으로부터 벗어나고 몸은 맑은 물로 씻음을 받았으니 참 마음과 온전한 믿음으로 하나님께 나아가자 히 10:19-22

중보자이신
예수 그리스도

예수님은 하나님의 공의를 만족시키신 후 새 언약의 중보자로서 하나님의 우편에 앉아 계신다. 논리적으로 볼 때 새 언약의 실체는 바로 이때부터 우리에게 나타나게 되는 것이다.

15 이로 말미암아 그는 **새 언약의 중보자**(intercessor)**시니** 이는 첫 언약 때에 범한 죄에서 속량하려고 죽으사 부르심을 입은 자로 하여금 영원한 기업의 약속을 얻게 하려 하심이라 히 9:15

22 이와 같이 예수는 더 좋은 언약의 보증이 되셨느니라 히 7:22

예수님은 죽으시고 부활하심으로써 우리의 죄사함을 이루셨을 뿐 아니라, 하나님의 영광을 받아 아버지의 보좌 우편에 앉아 계신 동시에 성령으로 우리 안에 오심으로써 우리가 다시 하나님의 자녀로 용납받게 해주셨다. 하나님께서 우리를 자녀 삼으시고 교제하시기 위해서는 우리를 하나님의 수준(하나님의 가족)으로 만드셔야 한다.

다른 말로, 하나님께서 의로우신 것처럼 우리도 의롭게 만드셔야만 서로 간의 온전한 교제가 가능해지는 것이다. 바로 이것이 예수님이 이 땅에 보혜사 성령님을 보내신 이유이기도 하다.

26 곧 이때에(이는 바로 지금 시대에) 자기의 의로우심을 나타내사 자기도 의로우시며 또한 예수 믿는 자를 의롭다 하려 하심이라 롬 3:26

법적으로 볼 때 우리의 영, 혼, 육은 예수 그리스도로 말미암아 이미 의롭게 되었다. 그래서 우리는 그리스도 안에서 새로운 피조물인 것이다. 이것은 인간적인 관점이 아니라 하나님께서 우리를 바라보시는 관점이다. 하나님은 우리의 실제적인 태도와 생각이 어떠한지를 보시는 것이 아니라, 우리 안에 계시는 예수 그리스도의 의를 통하여 우리를 하나님의 자녀로 보시는 것이다.

17 그런즉 누구든지 그리스도 안에 있으면 새로운 피조물이라 이전 것은 지나갔으니 보라 새 것이 되었도다 고후 5:17

그리스도의 영이 우리 안에 오심으로 인하여 우리에게서 사탄의 영은 떠나갔고, 과거의 원죄는 사함 받았으며, 옛 자아의 죄성은 더 이상 존재하지 않게 되었다. 하나님으로부터 새롭게 태어난 우리는 이제 그분의 의가 된 것이다. 따라서 우리는 본질적으로 죄를 지을 수 없는 존재다. 왜냐하면 우리는 육으로 난 것이 아니라 영으로 거듭남으로 더 이상 타락한 존재가 아니라 하나님과 교제하는 영적 존재가 되었기 때문이다.

9 하나님께로부터 난 자마다 죄를 짓지 아니하나니 이는 하나님의 씨가 그의 속에 거함이요 그도 범죄하지 못하는 것은 하나님께로부터 났음이라 요일 3:9

18 하나님께로부터 난 자는 다 범죄하지 아니하는 줄을 우리가 아노라 하나님께로부터 나신 자가 그를 지키시매 악한 자가 그를 만지지도 못하느니라 요일 5:18

그러나 현실적이고 실존적인 측면에서 보면, 우리의 영이 새롭게 된 후에도 우리의 혼과 육은 여전히 세상과 관계하고 있으며 죄를 지을 수 있다. 그렇기 때문에 이 진리가 중요하다. 설령 우리의 육신이 죄를 지었을 때라도 하나님 아버지 앞에서 우리를 위해 대언하시는 분이 계시는데, 그분이 바로 우리의 영원한 중보자이신 예수 그리스도이시다.

1 나의 자녀들아 내가 이것을 너희에게 씀은 너희로 죄를 범하지 않게 하려 함이라 만일 누가 죄를 범하여도 아버지 앞에서 우리에게 대언자(advocate)가 있으니 곧 의로우신 예수 그리스도시라 요일 2:1

8 만일 우리가 죄가 없다고 말하면 스스로 속이고 또 진리가 우리 속에 있지 아니할 것이요 **9** 만일 우리가 우리 죄를 자백하면 그는 미쁘시고 의로우사 우리 죄를 사하시며 우리를 모든 불의에서 깨끗하게 하실 것이요 요일 1:8-9

나는 누구인가?

당신이 살아 계신 하나님의 친자녀가 되었다는 사실을 생각해 보라. 생각만 해도 불경스럽게 여겨지는가? 어떻게 그런 일이 일어날 수 있느냐는 의심과 부정이 고개를 들고 일어나는가? 그 배후에는 뿌리 깊은 죄의식이 자리 잡고 있고, 그 죄의식은 당신의 육체에 기초한 자기의식에서 비롯된 것이다.

하나님의 의가 된 우리는 본질적으로 죄를 지을 수 없는 존재다. 왜냐하면 이제 우리는 더 이상 육체에 기초한 삶을 사는 것이 아니라 하나님의 본성에 기초한 의식으로 살아가는 존재이기 때문이다. 성경은 이것을 그리스도 안에 있는 새로운 피조물의 삶이라고 부른다. 그럼에도 불구하고 평생 동안 우리의 육체는 새생명 안에 있는 우리의 새로운 자아가 원하지 않는 일을 행할 수 있는데, 그 이유는 우리의 신적 본성이 허구이기 때문이 아니라 육체 가운데 남아 있거나 외부로부터 오는 죄의 역사 때문이다.

27 마귀에게 틈을 주지 말라 엡 4:27

8 근신하라 깨어라 너희 대적 마귀가 우는 사자같이 두루 다니며 삼킬 자를 찾나니 벧전 5:8

비록 우리 육신은 죄를 지을 수 있지만, 그로 인해서 우리의 참된 본성이 바뀌거나 사라지는 것은 아니다. 왜냐하면 우리가 회개함으로 과거에 속한 옛 사람을 십자가에 못 박았을 때(이것은 형식적인 회개가 아니라 온전한 회개를 의미하는 것이다), 그 옛 자아(옛 본성: sinful nature)는 이미 죽었기 때문이다. 그 결과 우리 안에는 예수 그리스도의 영이 함께하시고, 하나님의 아들과 딸로 새롭게 태어난 우리는 본질상 죄를 지을 수 없는 존재가 되었다. 그럼에도 불구하고 우리의 육신에는 과거 옛 사람의 삶 속에서 경험하고 탐닉하던 것들이 깊게 프로그래밍되어 있고, 그것들에 대한 기억, 감정, 의지 등이 우리의 머리(혼의 영역)에 저장되어 있기 때문에 죄의 힘이 들어와서 육신을 유혹할 때 넘어가서 다시 죄를 짓게 된다. 우리는 옛 자아가 이미 죽었다는 것을 확신해야 한다. 죄의식, 죄책감, 정죄감은 우리의 실체가 아니라 육체를 통해 들어오는 사탄의 속임수라는 사실을 알아야 한다.

죄를 통해서 사탄은 우리로 하여금 이미 십자가에 못 박혀 죽은 우리의 옛 자아가 여전히 살아서 그런 일을 행하는 것처럼 생각하도록 만든다. 그것이 바로 속임수다. 그럴 때마다 우리는 "나는 하나님의 아들, 하나님의 딸이야", "내 육체는 잘못할 수도 있지만, 나는 본질적으로 죄를 지을 수 없는 존재야", "내 육신 안에 옛 행동과 습관의 찌꺼기가 남아 있을 뿐이야", "아무도 나를 정죄할 수 없어", "나는 이미 하나님의 가족에 속한 그분의 자녀이기 때문에 그 신분에 합당한 태도와 행동으로 살아갈 거야"라고 담대히 선포해야 한다.

4 당신은 하나님의 의다

**우리는 왜
예수 그리스도와 같은 삶을
살지 못할까?**

예수님은 처음부터 죄가 없으신 분인 반면, 우리는 죄 가운데 태어났으나 죄사함을 받은 존재들이다. 그분은 성령으로 태어나신 분이지만, 우리는 사탄의 자식으로 태어난 자들이다. 원죄로부터 자유로우셨고 스스로도 죄를 짓지 않으셨던 예수님은 이 땅에서 죄의식이 없는 삶을 사셨다.

15 우리에게 있는 대제사장은 우리 연약함을 동정(동감)하지 못하실 이가 아니요 **모든 일에 우리와 똑같이 시험을 받으신 이로되 죄는 없으시니라** 히 4:15

그러나 우리는 예수 그리스도를 믿음으로 죄사함을 받았을지라도(우리의 본질이 영적 존재로 변했을지라도) 새로운 피조물로서의 깨달음과 체험(성령체험을 통해서 그리스도의 영에 인도함을 받는 새로운 자기의식)을 가지지 못할 때, 우리의 육신을 통하여 우리 마음에 죄의식을 불러일으키는 사탄의 지속적인 속임수를 피할 수 없게 된다. 다른 말로, 우리가 성령충만하여 영으로서 몸의 행실을 온전히 죽이지 못할 때는, 사탄이 우리의 육신을 통로로 삼아 우리 마음속의 죄의식을 활성화시켜 죄책감과 정죄감, 열등감 등으로 고통받게 만드는 것이다. 사탄은 죄를 통하여 우리의 본질이 이전처럼 다시 죄를 지은 것으로 생각하게 만들고, 우리 안에 옛 자아의 죄성이 여전히 살아 있다고 느끼도록 속이는 것이다.

우리의 옛 자아가 이미 죽었고 우리에게 새로운 본성이 임했다는 사실을 알지 못하거나, 우리가 누려야 할 의인의 삶보다는 벗어나야 할 죄인의 삶에 대해서 오랫동안 가르침을 받아 왔거나, 실제적으로 삶이 계속적인 죄의 영향 아래 놓여 있을 때, 우리 마음은 끊임없이 죄의식에 사로잡히게 된다. 우리가 이 땅에 사는 동안 하나님의 은혜를 풍성히 누리지 못하고 그분의 뜻을 온전히 이루지 못하는 원인은 바로 이 죄의식 때문이다. 죄의식의 본질은 자기 육체에 기초한 타락한 자기의식이다.

그렇다면 구원받은 우리가 예수님이 이 땅의 삶 가운데 누리신 것과 똑같은 기반 위에서 하나님 앞에 설 수 있도록 하는 것은 무엇일까? 우리가 육신을 가진 존재로서 죄의 세력이 역사하는 이 땅에서 사는 동안에는 예수님과 동일한 삶을 사는 것이 불가능하겠지만, 그럼에도 불구하고 우리가 이미 이 땅에서 점점 더 예수님과 같은 삶을 살 수 있게 해주는 것은 무엇일까?

> **17** 이로써 **사랑이 우리에게 온전히 이루어진 것은** 우리로 심판 날에 담대함을 가지게 하려 함이니 **주께서 그러하심과 같이 우리도 이 세상에서 그러하니라**(but we can face him with confidence **because we live like Jesus here in this world**, NLT) 요일 4:17

그것은 바로 당신이 단지 죄사함을 받은 존재나 의롭다 함을 얻은 존재가 아니라, 하나님의 의 자체라는 사실을 체험하는 것이다.

당신은
하나님의 의인가?

예수 그리스도를 믿음으로 구원받은 것을 우리는 어떻게 이해하고 표현하는가? 아마도 "내가 죄사함을 받았다", "내가 믿음으로 의롭다 함을 얻었다", 그리고 "나는 하나님의 의다"라는 세 가지 중 하나일 것이다. 그런데 처음의 두 가지는 하나님의 나라(통치) 밖에서도 고백하는 것이 가능한 반면, 마지막 세 번째("나는 하나님의 의다")는 누구도 하나님의 통치 밖에서는 고백할 수 없는 진리다. 이 진리는 오직 성령님에 의해서 자신의 혼과 육이 통치함을 받는 것(자신의 삶이 그리스도의 영에 의해서 인도함을 받는 것)이 무엇인지를 체험한 자만이 선포할 수 있는 것이기 때문이다. 오늘날 우리가 하나님의 의를 이해하는 데 있어서 가장 큰 문제점은 하나님나라를 전혀 경험하지 못한 자가 단지 육의 생각(자신의 인간적인 생각)에 근거하여 "내가 믿음으로 죄사함을 받았다" 또는 "내가 믿음으로 의롭다 함을 얻었다"고 받아들이는 것이다.

> **5** 육신을 따르는 자는 육신의 일을, 영을 따르는 자는 영의 일을 생각하나니
> **6** 육신의 생각은 사망이요 영의 생각은 생명과 평안이니라 롬 8:5-6

1. 내가 죄사함을 받았다. 이 고백은 당신 자신이 여전히 살아 있고, 당신의 죄만 사함 받은 것을 나타낸다. 즉, 예수 그리스도께서 우리의 죄를 속량하신 것을 믿으면 내 죄가 용서되고 내가 깨끗한 자가 되는 것을 받아들이는 것이다. 그러나 중요한 사실은 예수님이 십자가에 못 박혀 죽으신 것은 우리의 죄만 제거하기 위해서가 아니라, 죄로 인하여 타락한 인간을 구원하시기 위해서라는 것이다. 그런데도 하나님나라의 진정한 의미를 모르는 자는 자기를 부인하지 않고 자기 십자가도 지지 않은 채(즉, 여전히 그의 옛 자아가 삶의 주인 노릇을 하고 있으면서) 예수님이 베푸시는 죄 용서의 혜택만 받아 누리려고 한다.

24 이에 예수께서 제자들에게 이르시되 누구든지 나를 따라오려거든 자기를 부인하고 자기 십자가를 지고 나를 따를 것이니라 마 16:24

옛 자아가 자신 삶의 주인으로 남아 있는 이상, 자신이 지은 죄는 사함 받았다고 믿을 수 있을지 모르지만 자기 안에 있는 죄의식은 제거할 수 없다. 왜냐하면 육체에 기초한 자기의식이 여전히 살아 있기 때문이다. 이러한 믿음으로는 아무리 열심히 죄사함을 고백한다 해도 여전히 구약적인 신앙생활의 굴레를 벗어날 수 없다. 결국 예수님의 죄사함만을 추구하는 믿음은 동물의 피와 예수님의 피를 구분하지 못하는 것이라고 말할 수 있다(히 10:1-4). 우리의 타락한 본질 또는 옛 자아의 문제를 해결하지 못하는 한, 제사를 드림으로써 우리의 죄를 (일시적으로, 부분적으로) 덮을 수는 있어도 내면 깊이 뿌리내린 죄의식과 죄책감 자체를 부인할 수는 없다.

2. 나는 의롭다 함을 얻었다. 이 고백 역시 우리가 그리스도 안에서 온전한 정체성을 가지지 못하게 하는 방해물로 작용한다. 여기서도 삶의 주체는 여전히 자신이기 때문에 자신의 모습이나 행동에 기준을 두고 성경 말씀과 비교하면서 스스로를 평가하게 된다. 그 결과 자신이 실제로는 의롭지 않지만, 예수 그리스도의 구속으로 인하여 신분상 의롭다 함을 얻은 것으로 생각한다. 그러나 이러한 관점은 성경의 말씀에 자신의 마음을 일치시키는 것이 아니라, 자신의

마음에 성경의 말씀을 대입시키려는 사고방식일 뿐이다. 예수 그리스도로 말미암아 자신이 의롭게 되었다는 사실을 주장하지만, 그것은 결국 자신의 생각 속에 있는 신학적 관념에 불과하다. 이러한 사고방식은 의에 대한 성경의 말씀을 부정하지 않으면서도 현재 자신이 경험하고 있는 불완전한 삶의 모습을 적절하게 설명해 줄 수 있기 때문에 많은 성도에 의해서 받아들여지고 있다. 그러나 이것은 결국 진리를 교묘히 왜곡시키는 자기합리화일 뿐이다.

이처럼 의롭다 함을 얻는 믿음을 강조하는 자는 특별히 두 가지 잘못된 양상을 보여 준다. 첫째는 예수 그리스도 안에서 성령님을 통하여 하나님의 본질을 나타내는 삶을 도외시한 채 오직 믿음으로만 의롭게 된다는 것을 주장하기 때문에, 그의 삶에는 윤리성이 결여되어 있다. "율법의 행위가 아니라 오직 믿음으로 의롭게 된다"는 성경의 말씀은 분명한 진리이지만, 하나님의 본질과 본성이라는 측면에서 접근하는 또 다른 진리에 의해서 보완되어야 한다. 하나님나라의 통치적 관점에서 규명된 복음을 무시한 채 오직 구원론적 이신칭의의 복음만을 강조하면 결과적으로 하나님의 본성이 나타나지 못하는 이상한 의인의 삶을 합리화해 주는 신앙생활의 전통을 만들게 된다. 그렇게 되면 믿음과 은혜는 강력하게 연합되어 있지만, 믿음과 윤리(하나님의 선하심의 실천)는 분리되어 서로 무관하게 된다. 현재 우리 사회 곳곳에서 대두되고 있는 그리스도인의 비윤리성 문제는 바로 이와 같은 잘못된 칭의관에서 기인한다고 볼 수 있다.

둘째는 신분상으로 의롭다 함을 받았기 때문에 이제 실제적으로도 의롭게 되려면 하나님을 위해서 더 열심히 살아야 한다는 강박관념에서 벗어나지 못하는 문제를 발생시킨다. 예수님께서 나를 위해서(내 죄를 사해 주시기 위해서) 죽으셨는데, 내가 그분을 위해서 무엇이라도 해야 하지 않겠느냐고 생각하는 것이다. 혹은 예수님을 기쁘게 하기 위해서 더 이상 죄를 짓지 않겠다고 결단하고 삶의 거룩함을 유지하려 부단히 노력하는 것이다. 그러나 그러면 그럴수록 죄의식에 더욱 사로잡히게 된다는 것이 비극이다. 매사에 죄를 덜 지으려고 애쓰며 율법을 더 잘 지키려고 노력하지만 그 모든 수고에도 불구하고 점점 더 자신이 죄인이라고 느껴지고 자기가 지은 온갖 죄가 더 크게 부각된다. 그럴수록 헌신과 고행과 절제로 더 완벽해지려 노력하고, 아무리 해도 하나님을 온전히 섬길 수 없는 자신의 무능함과 악함에 대한 정죄감이 끝없이 밀려온다. 바로 이것이 오늘날 많은 그리스도인들에게서 발견되는 마음의 역동성이라고 볼 수 있다.

3. 나는 그리스도 안에서 하나님의 의다. 이 고백은 우리의 이성에 의해서 이해될 수 있는 것이 아니라, 그리스도의 영에 의해서 실제적으로 체험되어야 하는 진리다. 내가 하나님의 의가 되었다는 것은 나 자신(옛 자아)이 죽었다는 것을 의미한다. 우리는 오랜 세월 동안 회개에 대해서, 죄에 대해서, 우리를 위한 예수님의 죽으심과 그분이 행하신 일들에 대해서 수많은 설교를 들어 왔지만, 정작 가장

중요한 하나님의 의에 대해서는 충분한 가르침을 받지 못했다. 우리가 이미 구원을 얻었음에도 불구하고 하나님의 자녀로서 온전한 삶을 살지 못하는 이유 중의 하나가 바로 여기에 있다. 안타깝게도 여전히 죄의식에 사로잡혀 있는 까닭에 "내가 하나님의 의입니다"라는 진리의 고백과 체험까지는 나아가지 못하고 있다. 그러나 '인간인 내가 감히 어떻게 하나님의 의가 될 수 있을까?'라고 생각한다면, 그것은 참된 복음에 대한 무지이며 겸손을 가장한 교만일 뿐이다.

이미 언급한 것처럼 우리가 하나님의 의라는 진리가 믿어지는 것은 오직 하나님나라를 경험한 자에게만 주어지는 은혜다. 우리에게 임한 하나님나라, 즉 그분의 통치는 성령님이 우리의 영만이 아니라 혼과 육까지도 통치하시는 것을 경험하는 것이다. 그때 우리는 비로소 '내 안에 계신 그리스도'뿐만 아니라 '그리스도 안에 있는 나'를 실제적으로 경험하게 되며, 하나님께서 나의 아버지이신 것과 내가 그분의 사랑받는 자녀인 것을 알게 된다. 다시 말해서, 우리가 본질적으로 더 이상 타락한 육적 존재가 아니라 그리스도 안에서 영적인 존재라는 것을 인식하게 되는 것이다. 내가 더 이상 육에 속한 존재가 아닌 영적 존재라는 사실을 깨닫게 될 때, 예수 그리스도가 우리의 의가 되며, 우리에게 전가된 그분의 의로 말미암아 하나님 아버지께서 우리를 하나님 자신의 의로 삼으셨다는 진리가 온전히 열려진다. 거듭 강조하지만, '그리스도 안에서'가 진정으로 의미하는 바를 체험하지 못한 자에게는 '하나님의 의'에 대한 이 모든 말씀이 체험은 고사하고 개념적으로 이해하기조차 어렵다. 우리는 오직 그리스도 예수 안에서만 하나님의 본질과 본성인 하나님의 의이다.

다시 한 번 생각해 보라. 우리가 어떻게 하나님의 의가 되는가? 우리의 수고와 노력 덕분인가? 금식을 통해서? 고행을 통해서? 특별한 헌신과 봉사를 통해서? 하나님의 의는 믿음으로 말미암아 온다. 의는 당신의 행위가 아니라 그리스도의 행하심에 의해서 주어진다. 의는 우리의 눈물이 아니라 그리스도의 눈물에 의해서 주어진다. 의는 우리의 사랑에 의해서가 아니라 그리스도의 사랑에 의해서 주어진다. 그래서 믿음이 필요한 것이다. 어떤 믿음인가? 그분이 우리를 대신하여 대가를 지불하셨고 이미 모든 것을 이루셨다는 믿음이다. 우리는 받을 만한 자격이 없다. 그래서 은혜다. 그렇다면 이것이 어떻게 내 안에서 확증되는가? 그것은 바로 내 안에 계신 성령님의 통치에 의해서 하나님의 본질이 내 마음(생각, 감정, 의지)에 나타날 때 비로소 확증된다. 예수 그리스도께서 우리의 영원한 의이시며(고전 1:30), 바로 그분 안에서 우리가 또한 하나님의 의라는 사실을 알아야 한다(고후 5:21). 이 진리를 온전히 깨달을 때 우리는 그분 없이는 아무것도 할 수 없는 존재이지만, 그분 안에서는 모든 것을 할 수 있는 존재로 살아가게 된다.

> **5** 나는 포도나무요 너희는 가지라 그가 내 안에, 내가 그 안에 거하면 사람이 열매를 많이 맺나니 **나를 떠나서는 너희가 아무것도 할 수 없음이라** 요 15:5

7 너희가 내 안에 거하고 내 말이 너희 안에 거하면 무엇이든지 원하는 대로 구하라 그리하면 이루리라 요 15:7

우리가
하나님의 의가 되면?

요한복음에서 우리는 예수님이 줄곧 '나와 아버지는 하나다'고 말씀하신 것을 볼 수 있다. 그러한 선언은 유대 종교지도자들이 예수님을 죽이기로 계획하고 실행하도록 만든 결정적인 원인이었다.

26 아버지께서 자기 속에 생명이 있음같이 아들에게도 생명을 주어 그 속에 있게 하셨고 요 5:26

30 나와 아버지는 하나이니라 하신대 요 10:30

18 유대인들이 이로 말미암아 더욱 예수를 죽이고자 하니 이는 안식일을 범할 뿐만 아니라 하나님을 자기의 친아버지라 하여 자기를 하나님과 동등으로 삼으심이러라 요 5:18

하나님 아버지와 자신이 하나이심을 선언하신 예수님이 우리에게 정말로 가르치고자 하신 진리는 무엇인가? 그것은 예수님 때문에 우리가 단지 죄사함을 얻게 된다는 것이 아니라, 궁극적으로 삼위일체 하나님과 다시 한 가족이 된다는 것이다. 그것을 다른 말로 표현하면, 우리가 바로 하나님의 의가 된다는 뜻이다.

21 아버지여, 아버지께서 내 안에, 내가 아버지 안에 있는 것같이 그들도 다 하나가 되어 우리 안에 있게 하사 세상으로 아버지께서 나를 보내신 것을 믿게 하옵소서 **22 내게 주신 영광을 내가 그들에게 주었사오니 이는 우리가 하나가 된 것같이 그들도 하나가 되게 하려 함이니이다** 요 17:21-22

11 또 증거는 이것이니 **하나님이 우리에게 영생을 주신 것과 이 생명이 그의 아들 안에 있는 그것이니라 12** 아들이 있는 자에게는 생명이 있고 하나님의 아들이 없는 자에게는 생명이 없느니라 요일 5:11-12

당신은 단지 의롭다고 칭함을 받은 것이 아니라, 하나님의 의로 불리게 되었다. 이 말은 당신의 옛 본성(옛 자아, 태생적인 죄성)이 예수님께서 친히 지불하신 죗값으로 말미암아 사라졌고, 이제 당신 안에는 하나님의 본성(divine nature)이 존재하게 되었다는 것을 의미한다. 예수 그리스도는 우리 대신에 스스로 죄가 되셨고(우리의 모든 죄를 담당하고 죽으셨고), 부활하신 그분 안에서 새로운 피조물인 우리는 하나님의 가족이 되었다.

따라서 우리가 예수 그리스도 안에서 하나님의 의가 될 때,

첫째, 두려움, 정죄감, 죄의식 없이 하나님 앞에 설 수 있게 된다.

둘째, 하나님의 통치 안에서 아버지이신 그분과 온전한 교제를 누릴 수 있게 된다.

셋째, 두려움, 정죄감, 죄의식 없이 세상을 대할 수 있게 된다.

넷째, 아버지의 뜻이 하늘에서 이루어진 것같이 땅에서도 이루어지게 된다(이 말 속에는 우리가 하나님의 말씀을 이룰 수 있을 뿐만 아니라 사탄의 세력도 물리칠 수 있다는 약속이 포함되어 있다).

하나님의 나라(통치)를 경험하지 못한 자는 '의'에 대하여 첫째와 둘째의 의미는 이해할 수 있지만, 셋째와 넷째의 진리까지는 깨닫지 못한다. 그러나 예수 그리스도 안에서 하나님의 의가 된 자는 더 이상 이 세상에 묶인 옛 삶을 살 수 없게 된다. 그는 이미 이 땅에서 하나님의 본질과 본성을 드러내는 삶을 살 수밖에 없기 때문이다. 그것이 바로 진정한 의인의 삶이다.

26 곧 이때에 자기의 의로우심을 나타내사 자기도 의로우시며 또한 예수 믿는 자를 의롭다 하려 하심이라 롬 3:26

29 너희가 그가 의로우신 줄을 알면 의를 행하는 자마다 그에게서 난 줄을 알리라 요일 2:29

12 내가 진실로 진실로 너희에게 이르노니 나를 믿는 자는 내가 하는 일을 그도 할 것이요 또한 그보다 큰 일도 하리니 이는 내가 아버지께로 감이라 요 14:12

하나님의 의를
체험한다는 것은

이 세상에 태어나면서 우리는 부모로부터 모든 것을 배운다. 그런데 우리 부모는 우리의 조상들과 마찬가지로 모두 죄악 가운데 태어났다.

44 너희는 너희 아비 마귀에게서 났으니 너희 아비의 욕심대로 너희도 행하고자 하느니라 그는 처음부터 살인한 자요 진리가 그 속에 없으므로 진리에 서지 못하고 거짓을 말할 때마다 제 것으로 말하나니 이는 그가 거짓말쟁이요 거짓의 아비가 되었음이라 요 8:44

이와 마찬가지로 우리가 하나님으로부터 새롭게 태어났다면, 이제 우리는 우리의 진정한 아버지이신 하나님으로부터 배워야 한다. 더이상 육신의 부모가 잘못한 것을 파악해서 그렇게 하지 않으려고 노력하는 삶을 살아야 하는 것이 아니라, 새로운 영적 아버지로부터 그분의 품성, 그분의 뜻, 그분의 사랑을 배워 가야 한다. 그런데 안타깝게도 우리는 지금까지 신앙생활을 하는 동안 잘못한 것들을 계속

지적받았고, 앞으로는 그렇게 하지 않으려고 노력하는 데 총력을 기울여 왔다.

당신이 어떤 집의 양자로 입양되었다고 생각해 보라. 새로운 부모로부터 당신이 정말로 들어야 할 말이 무엇인가? "이전 부모 밑에서 살 때처럼 네 맘대로 하지 마라", "이런 행동과 저런 행동을 하면 안 된다", "다시는 그런 생각을 하지 말고, 그런 곳에는 가지 마라", "문제가 생기면 즉시 나한테 이야기하고, 내 허락 없이는 아무것도 함부로 만지거나 사용하지 마라", "내가 다 지켜보고 있어"와 같은 말인가? 아니면 "이제 네가 내 아들이 되었으니 과거는 다 잊어버리렴", "너는 내 아들이기 때문에 나는 너를 사랑하고 너를 새롭게 세우기를 원해", "이런 문제가 생기면 이렇게 생각하고, 이렇게 느끼도록 해봐라. 그러면 도움이 될 것이다", "너는 내 자녀이니 이 집의 돈과 물건들을 이렇게 사용하면 된단다", "나의 도움이 필요할 때면 언제든지 알려만 다오" 같은 말인가?

만약 전자의 관계에서 부모와 교제한다면, 아이는 어떻게 해야 자신이 입양되기 전의 무가치한 존재에서 입양된 현실에 합당한 존재로 변화되어 부끄럼 없이 살아갈 수 있을까에 모든 삶의 초점을 맞춰야 하지 않겠는가? 따라서 아이는 늘 혹시라도 잘못할지 모른다는 불안과 두려움, 그리고 잘못한 일들에 대한 죄책감과 정죄감에 시달릴 것이다. 반면에 후자의 관계에서 부모와 교제한다면, 이미 사랑과 용납을 경험했으므로 아이는 자신이 어떻게 새로운 부모의 뜻대로 살 수 있으며 그들을 기쁘게 해드릴 수 있는가에 관심을 집중하지 않겠는가? 이 경우 아이는 끊임없이 '이제 나는 이 아름다운 가족의 자녀야', '내가 좀 실수하더라도 사랑 많으신 아버지가 보호해 주실 거야', '내가 이런 집에 아들, 딸로서 살 수 있다니, 나는 참 행복해', '부모님을 기쁘시게 해드려야지'라고 생각하며 전에는 꿈도 꿀 수 없었던 현실에 감사하기 바쁠 것이다. 하나님의 의인 우리가 의로운 생각을 하고 의로운 생활을 하는 것은 본성에 합당한 것이다. 이를 통해 우리가 하나님의 자녀인 것이 증거된다. 할렐루야!

29 너희가 그가 의로우신 줄을 알면 **의를 행하는 자마다 그에게서 난 줄을 알리라** 요일 2:29

part 3
의인은 이렇게 산다

이 주제와 관련된 손기철 장로의 집회 영상 보기
(QR코드 스캔 어플 설치 후 위의 QR코드를 찍어 보세요!)

Three

성경은 분명히 우리가 하나님의 의라고 말씀하고 있음에도 불구하고, 왜 우리는 자신을 은혜로 구원받은 의인이 아닌 죄인으로 간주하는 것일까? 그것은 자신에 대한 생각과 실제 삶의 행동이 일치하지 않기 때문이다. 우리는 흔히 자신의 삶의 양식에 따라 스스로를 평가한다. 그리고 그 평가는 다시 우리 삶의 태도와 방식에 영향을 미친다.

신앙생활에서 우리의 참된 정체성은 하나님이 우리를 어떻게 보시는가에 의해서 결정되어야 한다. 그러나 우리는 대개 내가 하나님을 어떻게 보고 있는가에 초점을 맞춰서 자신이 누구인가를 생각한다. 인간적인 관점에서 볼 때, 구원받은 자신을 죄인으로 규정하는 것은 가장 겸손한 자아상일지 모르지만, 하나님의 관점에서는 하나님의 마음을 너무나 괴롭게 하는 일이다.

흔히 우리는 예수 그리스도를 믿고 그리스도인이 되었을 때, 하나님께서 나의 삶을 변화시키신(changing) 것으로 생각한다. 이는 마치 우리가 상처와 질병으로 고통받고 있다가 의사이신 하나님의 적절한 처방을 통해서 올바른 생각과 습관을 얻게 되고 건강을 되찾는 것처럼 구원을 이해하는 것이다. 아울러 하나님에 의해서 우리의 행동이 바뀜로써 삶이 변화되는 것으로 본다. 그러나 구원은 우리가 단지 변화되거나 개선되는 것이 아니라 새로운 피조물로 교체되는(exchanging) 것이다. 죄로 인하여 죽은 자에게는 개선이나 변화가 아무 소용이 없다. 오직 중생이 필요하다. 예수 그리스도 안에서 새롭게 된 자는 성령을 통하여 아버지로부터 새로운 믿음, 새로운 언어, 새로운 행동, 그리고 새로운 사고체계를 배워야 한다.

CHAPTER

1 복음 안에서 예수님과 우리는 이런 관계에 있다

당신은 예수님과

어떤 관계에 있는가?

우리는 성경의 말씀을 통하여 영원하신 삼위일체 하나님과 관계한다. 그러나 우리가 말씀의 참 뜻을 알지 못할 때는 하나님과 온전한 관계를 맺을 수 없다. 하나님께서 성령님을 통하여 우리에게 말씀을 주신 이유는 그 속에서 우리가 하나님 아버지와 현재적이며 생명적인 영적 관계를 가질 수 있도록 하기 위해서이다. 그런데 만약 우리가 성령 하나님과의 교제를 제대로 체험하지 못하고 있다면, 우리는 말씀을 통해서 살아 계신 하나님과 교제하는 대신 하나님이 주신 말씀(문자와 규정)에만 매이는 종교생활을 할 수밖에 없게 된다.

38 그 말씀이 너희 속에 거하지 아니하니 이는 그가 보내신 이를 믿지 아니함이라 **39** 너희가 성경에서 영생을 얻는 줄 생각하고 성경을 연구하거니와 이 성경이 곧 내게 대하여 증언하는 것이니라 **40** 그러나 너희가 영생을 얻기 위하여 내게 오기를 원하지 아니하는도다 요 5:38-40

우리는 흔히 예수 그리스도의 초림부터 재림까지를 신약시대(새 언약의 시대), 그리고 그 이전의 시기를 구약시대(옛 언약의 시대)라고 생각한다. 그러나 정확하게 말하자면, 예수 그리스도께서 이 땅에 오신 후에도 그분이 십자가를 지시기 전까지는 여전히 구약시대에 속하며, 신약시대는 예수께서 부활 승천하신 후 보혜사 성령님을 보내주신 때부터 시작되었다고 보아야 한다.

성육신하신 예수님은 성령의 충만함 가운데 그분의 공생애 사역을 시작하심으로써 하나님의 통치(나라) 안에서 주의 뜻을 이 땅에 이루셨고, 가시는 곳마다 그 나라의 복음을 선포하셨다. 그리고 그분은 우리가 하나님의 자녀로 회복되어 그 나라의 삶을 살도록 하기 위해서 십자가에서 죽으시고 부활 승천하셨다. 예수님이 친히 이 땅에서 공생애 사역을 감당하신 것을 그분의 '지상사역'이라고 부른다면, 십자가에서 죽으시고 부활 승천하신 예수님이 이제 하나님 우편에 계시는 동시에 성령으로 우리 안에 찾아오셔서 우리를 통하여 그분의 일을 행하시는 사역은 그분의 '천상사역'으로 구분할 수 있을 것이다. 공생애의 '지상사역'은 예수님이 우리와 같은 육신을 입고 이 땅에서 하나님의 뜻을 드러내신 사역이다. 반면 오순절 성령강림으로 시작된 예수님의 '천상사역'은 하나님 우편에 계시는 그분께서 재림 전까지 우리를 통해서 이 땅 위에 하나님 아버지의 일을 이루어 가시는 현재적 사역이다.

> **19** 주 예수께서 말씀을 마치신 후에 **하늘로 올려지사 하나님 우편에 앉으시니라 20** 제자들이 나가 두루 전파할새 주께서 함께 역사하사 그 따르는 표적으로 말씀을 확실히 증언하시니라 막 16:19-20

> **20** 내가 너희에게 분부한 모든 것을 가르쳐 지키게 하라 볼지어다 **내가 세상 끝날까지 너희와 항상 함께 있으리라 하시니라** 마 28:20

> **18** 진실로 너희에게 이르노니 무엇이든지 너희가 땅에서 매면 하늘에서도 매일 것이요 무엇이든지 땅에서 풀면 하늘에서도 풀리리라 **19** 진실로 다시 너희에게 이르노니 **너희 중의 두 사람이 땅에서 합심하여 무엇이든지 구하면 하늘에 계신 내 아버지께서 그들을 위하여 이루게 하시리라 20 두세 사람이 내 이름으로 모인 곳에는 나도 그들 중에 있느니라** 마 18:18-20

우리의 신앙생활에서 가장 중요한 열쇠는 무엇일까? 풍성한 참 생명을 누리는 것은 성경에 기록된 하나님의 말씀을 얼마나 믿느냐에 따라 결정되는 것이 아니라, 삼위일체 하나님과 어떤 관계를 가지느냐에 달려 있다. 말씀은 하나님을 만나고 그분과 친밀함을 나누기 위해서 주어진 것이다. 그렇다면 당신은 지금 예수 그리스도와 어떤 관계를 가지고 있는가? 다른 말로 표현하면, 당신은 지금 어떤 상태의 예수님과 실제적으로 관계하고 있는가? 성경책을 통하여 2천 년 전에 이 땅에 오셔서 사역하신 예수 그리스도와 관계하고 있는가 아니면 지금도 살아 계셔서 하나님 우편과 우리 안에 동시에 거하시는 그분과 생명적으로 관계하고 있는가?

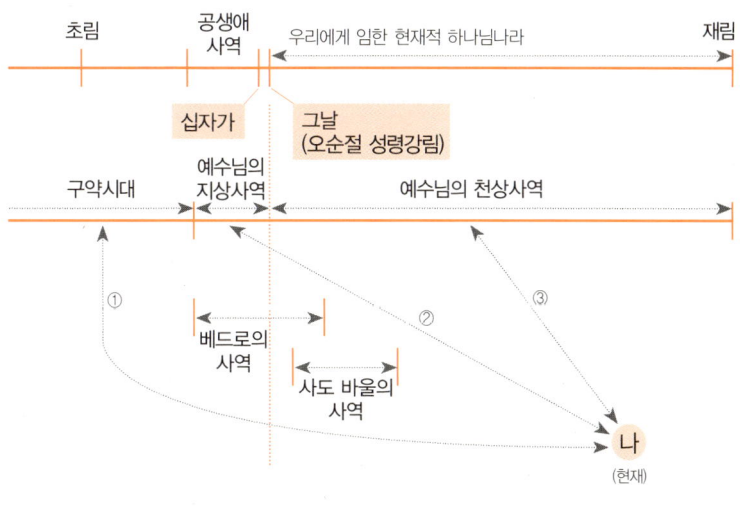

〈예수 그리스도의 사역과 우리와의 관계성〉

도표를 보면서 신앙적 관계성의 문제를 살펴보도록 하자. 먼저 구약시대에 속한 신앙 유형에 대해서 언급할 필요가 있다(도표의 ①). 만약 우리가 율법시대와 관계하는 신앙을 가지고 있다면, 우리는 구약에 기록된 율법과 계명을 지키고 행하는 삶을 살아야 할 것이다. 실제로 많은 그리스도인들은 지금도 구약성경에 기록된 말씀들(예를 들어 절기, 음식, 문화 등에 대한 규정들)을 진리로 받아들이고 그대로 지키고 행하기 위해서 노력한다. 물론 성경의 모든 말씀은 진리이며, 예수님도 율법의 일점일획까지 남김없이 이루어진다고 말씀하셨다. 그러나 만약 율법을 그대로 지키고 행하는 것이 그리스도인의 온전한 신앙생활이라고 생각한다면, 그것이 지금도 예수님을 메시아로 인정하지 않는 유대인들의 신앙생활과 아무런 차이가 없게 된다. 구약의 모든 율법도 하나님의 법이고 우리가 지켜야 할 법이지만, 그 법은 이제 예수 그리스도의 참 빛 아래서 다시 조명되고 해석되어야 한다. 즉, 율법은 더 이상 우리가 스스로 지켜야 할 법이 아니라, 내 안에 계신 예수 그리스도를 통하여 이루어져야 할 약속으로 변화되어야 한다. 예를 들어, 십계명의 첫 번째 계명인 "하나님 외에 다른 신을 섬기지 말라"는 이제 하나님의 자녀된 우리가 (우리 자신의 수고와 노력으로가 아니라) 예수 그리스도의 생명 안에서 "전심으로 하나님을 사랑하라"는 말씀으로 새롭게 이해되어야 한다(part 1 '복음 안에서 새로운 삶을 살라' 참조).

이제 구약의 율법시대에 속한 신앙은 뒤로하고, 예수 그리스도와 우리의 관계성에 대해서 살펴보자. 비록 우리가 구약의 율법에 매인 신앙생활에서 벗어났다 할지라도, 현재 우리가 예수 그리스도와 어떤 관계를 가지는가에 따라서 두 가지 상반된 신앙 패턴이 나타날 수 있다. 예수 그리스도를 믿으면서도 여전히 율법적인 신앙생활을 하는 이들이 있는가 하면, 진정한 주의 자녀로서 하나님나라 안에서 주의 뜻을 이루는 삶을 사는 이들도 있다. 안타깝게도 대부분의 그리스도인이 이 차이에 대해서 잘 모르지만, 이 차이를 정확히 아는 것은 신앙생활에 있어서 매우 중요하다.

공생애의 지상사역 동안 예수님은 육신을 가지고 이 땅에서 사역하셨다. 구약의 예언에 따라 하나님 통치주권의 대행자(메시아)로 오신 예수님은 친히 하나님나라의 삶을 사시면서 그 나라와 의를 선포하셨고 그 나라의 도래와 함께 약속된 일들을 보여 주셨다. 그분은 가시는 곳마다 죄인들로 회개하여 구원을 받게 하셨고, 사탄의 일을 멸하셨으며, 온갖 질병을 치유하시고, 귀신과 악령들을 쫓아내셨다. 그러나 이때는 예수님이 우리의 죄를 대속하시고 부활 승천하시기 전이기 때문에 그 하나님나라가 아직 우리에게 임하지 않았다. 당시의 제자들이나 이스라엘 백성은 우리와 같은 육신을 입고 이 땅에 거하시는 예수 그리스도라는 인격체를 개인적으로 대면하여 그분의 말씀을 듣고, 그분을 믿고, 그분을 따랐다(도표의 ②). 다른 말로, 예수 그리스도의 지상사역 동안에는 그분을 믿는 자들이 예수 그리스도 밖에서(그분을 외부로부터 마주보는 관계에서) 그분을 추종하고 따르는 삶을 살았던 것이다.

한편, 우리의 죄를 대속하시고 부활 승천하신 예수님은 하나님 우편에 계시면서 그분의 영이신 보혜사 성령님을 우리에게 보내 주셨다. 그러므로 이제 우리는 더 이상 과거에 육신으로 오신 예수 그리스도와 관계하는 것이 아니라, 친히 우리의 영 안에 오셔서 거하시는 그분과 교제할 수 있게 되었다(도표의 ③). 우리가 이 사실을 정확히 이해한다면, 예수님의 지상사역과 천상사역의 차이가 그분에 대한 우리의 관계에도 결정적인 차이를 가져온다는 것을 알게 될 것이다. 예수님의 지상사역 동안에는 아직 하나님나라가 우리에게 임하지 않았고, 우리는 예수 그리스도 밖에서 그분과 관계하는 육적인 신앙생활을 할 수밖에 없었다. 그러나 성령님의 임재하심과 역사하심으로 인한 그분의 천상사역은 우리로 하여금 예수 그리스도 안에 있는 새로운 영적 존재로서 신앙생활을 하게 하며, 이미 이 땅에 도래한 하나님나라에서 살아가게 한다.

당신은 지금 예수님의 어떤 사역과 근본적으로 관계하고 있는가? 다른 말로, 당신은 2천 년 전 지상사역을 하시던 예수님을 따르고 있는가? 아니면 지금 하나님 우편에 계시면서 우리 안에도 계신 예수님을 경험하며 그분을 나타내고 있는가? 참으로 안타깝게도 예수님의 천상사역을 통해 하나님나라가 이미 우리 가운데 임했음에도 불구하고, 아직도 그 나라의 도래를 미래적으로만(죽고 난 다음에 가는 내세적 천국의 삶으로만) 규정하고 단지 육신으로 이 땅을 사신 예수 그리스도만 바라보고 뒤따르려는 그리스도인들이 너무나 많다. 우리가 의롭게 되었다 또는 의인의 삶을 산다는 것은 바로 우리가 예수 그리스도의 천상사역과 관계하며 산다는 것을 의미한다. 그것은 하나님의 통치 안에서 뜻이 이미 하늘에서 이루어진 것을 의롭게 된 우리의 믿음을 통하여 이 땅에 나타내는 삶을 사는 것을 말한다.

우리는
로열 킹덤 패밀리다

예수님의 지상사역 동안에는 제자들이나 따르는 무리들이 그분을 어떤 다양한 호칭으로 불렀든 간에 결국 예수님은 육신을 가지신 하나의 인격적 객체였을 뿐이다. 제자들은 열심히 예수님을 믿고 추종했지만, 그들과 예수님은 주체와 객체로서 엄연히 분리된 존재였다.

> 13 예수께서 빌립보 가이사랴 지방에 이르러 제자들에게 물어 이르시되 사람들이 인자를 누구라 하느냐 14 이르되 더러는 세례 요한, 더러는 엘리야, 어떤 이는 예레미야나 선지자 중의 하나라 하나이다 15 이르시되 너희는 나를 누구라 하느냐 16 시몬 베드로가 대답하여 이르되 주는 그리스도시요 살아 계신 하나님의 아들이시니이다 마 16:13-16

그러나 예수님의 천상사역과 함께 완전히 변화된 상황을 생각해 보라. 그분은 지금 우리 앞이 아니라 우리 안에 계신다. 더욱이 우리는 더 이상 우리 자신의 삶을 사는 것이 아니라 우리 안에 계신 그분의 삶을 사는 존재다. 다른 말로, 우리는 더 이상 예수 그리스도로부터 분리된 존재가 아니라, 그분과 한 생명으로 연합된(union with Christ) 존재인 것이다.

6 육으로 난 것은 육이요 영으로 난 것은 영이니 요 3:6

20 그날에는 내가 아버지 안에, 너희가 내 안에, 내가 너희 안에 있는 것을 너희가 알리라 요 14:20

20 내가 그리스도와 함께 십자가에 못 박혔나니 그런즉 이제는 내가 사는 것이 아니요 **오직 내 안에 그리스도께서 사시는 것이라**… 갈 2:20

우리가 예수 그리스도의 지상사역과 관계하는 자라면, 우리는 단지 예수 그리스도를 닮아 가는 존재로 살아가야 할 것이다. 우리는 최선을 다해서 우리의 육신을 쳐서 복종시키며 예수님처럼 거룩한 삶을 살기 위해서 노력해야 할 것이다. 그러나 우리가 예수 그리스도의 천상사역과 관계하는 자라면, 우리는 더 이상 예수님을 닮아 가는 존재가 아니라 우리 안에 계신 예수 그리스도를 나타내는 존재로 변화되어야 한다. 더 놀라운 사실은, 우리가 예수 그리스도 안에서는 더 이상 종의 신분이 아닌 하나님 자녀의 신분으로 변화되었다는 것이다. 우리는 '로열 킹덤 패밀리'(royal kingdom family)로서(히 2:10-11) 예수 그리스도 안에서 날마다 새로운 육체(삶)를 경험하는 영적인 존재(새로운 피조물)가 된 것이다.

30 너희는 하나님으로부터 나서 그리스도 예수 안에 있고 예수는 하나님으로부터 나와서 우리에게 지혜와 의로움과 거룩함과 구원함이 되셨으니 고전 1:30

10 그러므로 만물이 그를 위하고 또한 그로 말미암은 이가 많은 아들들을 이끌어 영광에 들어가게 하시는 일에 그들의 구원의 창시자를 고난을 통하여 온전하게 하심이 합당하도다 **11 거룩하게 하시는 이와 거룩하게 함을 입은 자들이 다 한 근원에서 난지라 그러므로 형제라 부르시기를 부끄러워하지 아니하시고** 히 2:10-11

하나님나라로 침노하라

우리가 예수 그리스도의 지상사역과 관계하고 있다면, 우리는 여전히 하나님나라 밖(즉 어둠의 나라 안)에 있는 것이다. 왜냐하면 그 삶은 아직 예수님이 십자가를 지시지 않았고, 보혜사 성령님으로 우리 안에 오시지 않은 때와 관계하고 있기 때문이다. 만약 우리의 신앙이 여전히 예수 그리스도의 지상사역과 연관되어 있다면, 우리는 주님께서 공생애 사역 동안 제자들에게 가르쳐 주신 기도의 내용을 여전히 미래적인 소망으로 받아들일 수밖에 없게 된다. 지금 이 땅에는 하나님나라가 아직 도래하지 않았지만, 언젠가 그 나라가 임하게 해달라고 청원하는 것이다.

> **9** 그러므로 너희는 이렇게 기도하라 하늘에 계신 우리 아버지여 이름이 거룩히 여김을 받으시오며 **10** 나라가 임하시오며 뜻이 하늘에서 이루어진 것같이 땅에서도 이루어지이다 마 6:9-10

그러나 예수 그리스도의 천상사역과 관계하고 있다면, 우리는 하나님나라가 이미 이 땅에 도래했다는 것을 안다. 그래서 우리는 그 나라 안으로 침입해 들어가고 그 나라의 새로운 법을 이 땅에 적용함으로써 그 모든 혜택을 누리는 풍성한 삶을 살게 된다. 우리의 기도도 "이제는 우리가 신령과 진정으로 아버지의 이름을 거룩히 여깁니다. 하나님의 나라(통치)가 임하였사오니, 뜻이 하늘에서 이미 이루어진 것같이 이 땅에서도 동일하게 이루어지도록 나를 사용하여 주옵소서"로 바뀌게 된다. 할렐루야!

그리스도 예수
안에 있는
믿음으로!

예수님의 지상사역 동안에는 우리가 예수님 밖에서(그분을 객체로 마주 대하며) 인간적인 믿음을 가지고 그분이 누구이시며 어떤 일을 행하실 수 있는지를 인정하고 고백함으로써 기적을 경험할 수 있었다. 여기서 말하는 인간적인 믿음이란 일단 오감을 통해서 인지되는 것을 실재라고 믿는 믿음을 의미한다. 아울러 오감을 통해서 인지되지 않는 것(불가능한 일, 이루어지지 않은 일)은 긍정적으로(가능한 것으로) 받아들이고자 하는 마음의 의지까지 포함한다. 결국 감각적인 믿음 또는 합리적인 믿음이라고 불릴 수 있는 이 믿음은 일반적으로 모든 사람이 가지는 믿음이다. 이 경우 믿음의 주체는 우리 자신이며, 믿음의 대상은 예수 그리스도이시다. 예수님의 지상사역 동안에는 우리가 믿음으로 예수 그리스도 앞으로 나아갔을 때, 그분께서 우리에게 무엇인가를 행하셨다. 인간 자신의 의지에 기반을 둔 이 믿음에는 크고 작음의 구분이 존재한다. 그래서 예수님께서는 우리에게 "믿음이 적은 자들아 왜 의심하느냐(두려워하느냐)", 혹은 "이스라엘 중 아무에게서도 이만 한 믿음을 보지 못하였노라"(마 8:10)라고 믿음의 분량에 대해서 말씀하셨다.

그러나 우리가 예수님의 지상사역이 아닌 천상사역과 관계할 때는, 인간적인 믿음을 초월한 또 다른 믿음을 가지게 된다. 그것은 바로 '예수 그리스도 안에 있는, 예수님의 믿음'이다. 개역개정은 갈라디아서 2장 20절의 후반부를 "하나님의 아들을 믿는 믿음 안에서"로 번역하고 있다. 헬라어 원어를 보면 이 구절의 더 정확한 기술은 "하나님 아들의 믿음 안에서"이다. 즉, 내가 예수 그리스도 안에서 나 자신의 믿음으로 신앙생활을 하는 것이 아니라, 내 안에 계신 예수 그리스도의(그분이 주체가 되는) 믿음으로 신앙생활을 한다는 것이다. '예수 안에 있는 믿음'에 대해서 선언하고 있는 또 다른 구절은 디모데후서 3장 15절의 말씀이며, 그 외에도 여러 구절들이 있다(행 3:16; 딤전 3:13; 딤후 1:13).

20 ⋯ 이제 내가 육체 가운데 사는 것은 나를 사랑하사 나를 위하여 자기 자신을 버리신 **하나님의 아들을 믿는 믿음 안에서**(하나님의 아들 안에 있는 믿음으로, 저자 첨가) 사는 것이라 갈 2:20

15 또 어려서부터 성경을 알았나니 성경은 능히 너로 하여금 **그리스도 예수 안에 있는 믿음으로 말미암아** 구원에 이르는 지혜가 있게 하느니라 딤후 3:15

2천여 년 전 예수 그리스도께서 이 땅에서 공생애 사역을 하시는 동안에는 인간적인 믿음만으로도 주님의 은혜를 맛볼 수 있었다. 그러나 지금은 그 믿음만으로는 더 이상 온전한 신앙생활을 할 수 없다. 그 믿음은 예수 그리스도 밖에서 그분을 인간적인 감각을 통해 받아들이며 의지적으로 붙드는 믿음이었다. 그러나 예수님은 지금 육신으로 이 땅에 계시는 것이 아니라 그분의 영으로 우리 안에 계신다. 영은 우리의 감각적인 믿음으로 이해하거나 받아들일 수 있는 존재가 아니다. 이 때문에 우리가 자신의 감각적인 믿음으로 더 열심히 믿음생활을 할수록 자포자기에 빠질 수밖에 없다. 그런 믿음생활이 우리 안에서 진정한 믿음(예수 그리스도의 믿음)의 역사를 방해하고 오히려 불신으로 흐르게 하기 때문이다.

> **9** 기록된 바 하나님이 자기를 사랑하는 자들을 위하여 예비하신 모든 것은 눈으로 보지 못하고 귀로 듣지 못하고 사람의 마음으로 생각하지도 못하였다 함과 같으니라 **10** 오직 하나님이 성령으로 이것을 우리에게 보이셨으니 성령은 모든 것 곧 하나님의 깊은 것까지도 통달하시느니라 고전 2:9-10

우리의 눈으로, 귀로, 손으로 감지할 수 없고 마음으로 생각할 수 없는 것들을 우리 마음의 의지력으로 받아들이기 위해 노력한다고 생각해 보라. "믿습니다. 정말로 믿습니다"라고 수없이 되뇌고 목이 터져라 외칠지라도, 마음 한편에서는 의심, 불신, 거짓이라는 생각이 고개를 들고 일어나는 것을 막을 수 없다. 믿음의 진정한 주체는 내가 아니라 내 안에 계신 예수 그리스도이시다. 그리고 예수 그리스도의 믿음(그분 안에 있는 믿음, 그분으로 말미암는 믿음)이 나타나는 대상은 우리의 육체와 삶이다.

2 믿음의 주(founder, originator)요 또 온전하게 하시는 이인 예수를 바라보자⋯
히 12:2

이 진리를 보다 정확하게 깨닫게 해주는 말씀은 제자들이 예수님께 믿음을 더해 달라고 요청했을 때 그분께서 주신 놀라운 대답이다. 예수님의 공생애 사역(지상사역) 중에 제자들은 자신의 (감각적인) 믿음이 충분하지 않으니 믿음을 더해 달라고 예수님께 간청했다. 이에 대해 예수님은 장차 펼쳐질 그분의 천상사역적 관점에서 진정한 믿음은 있거나 없는 것이지, 작거나 크다고 평가하거나 부족한 것을 더할 수 있는 것이 아니라는 점을 분명히 하셨다. 예수 그리스도 안에 있는 참된 믿음은 겨자씨 한 알만큼만 있어도 놀라운 기적을 일으키기에 충분하다는 것이다.

5 사도들이 주께 여짜오되 우리에게 믿음을 더하소서 하니 **6** 주께서 이르시되 **너희에게 겨자씨 한 알만 한 믿음이 있었더라면** 이 뽕나무더러 뿌리가 뽑혀 바다에 심기어라 하였을 것이요 그것이 너희에게 순종하였으리라 눅 17:5-6

그날 '이전'과
'이후'가 달라야 한다

예수님의 지상사역 동안에는 우리의 사역은 육신으로 이 땅에 거하시던 예수님과 직접적인 관계성을 가지는 데 초점을 둔 것이었다. 제자들이 행한 모든 기도와 사역은 예수 그리스도께서 나눠 주신 그분의 권능 안에서 이루어졌다(마 10:1; 눅 9:1). 그러나 예수님께서 부활 승천하신 후 보혜사 성령님으로 이 땅에 오신 '그날'부터는 우리의 사역이 더 이상 육신을 입으신 예수님과의 관계성에 국한되지 않고 그분의 이름을 통해 직접적으로 하늘 아버지와의 관계성에 기초하게 되었다. 요한복음 16장 23-24절과 26-27절에 의하면 '그날' 이후부터는 더 이상 예수님이 우리를 대신하여 아버지께 요청하실 필요 없이, 우리가 우리 안에 계신 예수 그리스도의 이름으로 직접 아버지께 요청할 수 있다고 말씀하신다.

> **23** 그날에는 너희가 아무것도 내게 묻지 아니하리라 내가 진실로 진실로 너희에게 이르노니 **너희가 무엇이든지 아버지께 구하는 것을 내 이름으로 주시리라 24** 지금까지는 너희가 내 이름으로 아무것도 구하지 아니하였으나 구하라 그리하면 받으리니 너희 기쁨이 충만하리라 요 16:23-24
>
> **26** 그날에 너희가 내 이름으로 구할 것이요 **내가 너희를 위하여 아버지께 구하겠다 하는 말이 아니니 27** 이는 너희가 나를 사랑하고 또 내가 하나님께로

부터 온 줄 믿었으므로 아버지께서 친히 너희를 사랑하심이라 요 16:26-27

   이 말씀은 그날 이후에는 첫째, 예수님이 더 이상 이 땅에 육신으로 계시지 않고 둘째, 우리가 예수 그리스도와 연합함으로써 하나님의 가족이 되었으며 셋째, 예수 그리스도 안에 있는 자에게는 그분 자신의 사역과 권능이 위임되었다는 것을 의미한다.
   그날 이전과 이후의 근본적인 차이를 가장 잘 보여 주는 것이 바로 시몬 베드로의 삶이다. 바울과는 달리 베드로는 예수 그리스도의 지상사역과 천상사역 모두를 경험했다(195쪽의 그림 참조). 공생애 기간 동안 예수 그리스도를 추종하며 닮아 가기 위해 그토록 애쓰던 베드로를 생각해 보라. 예수님의 수제자로서 누구보다 열정적으로 예수님을 따르며 섬겼지만, 결정적인 십자가와 부활 사건 전후로 그에게 어떤 일들이 일어났는지 우리는 잘 알고 있다. 자신의 인간적인 믿음으로 최선을 다해 예수님을 따랐지만 실패할 수밖에 없었던 베드로는 단지 예수님을 닮아 가고자 힘쓰는 신앙의 실체와 결과가 무엇인지를 잘 보여 준다. 이러한 신앙에서 믿음과 삶의 주체는 베드로 자신이었다. 그러나 그가 부활하신 예수님이 약속하신 성령으로 충만함을 받았을 때, 그는 더 이상 예수님을 닮아 가거나 추종하는 삶을 살지 않게 되었다. 그날 이후부터 베드로는 예수 그리스도 안에서(즉, 그분 안에 있는 진정한 믿음에 기초하여) 예수 그리스도의 이름으로 예수 그리스도의 말씀을 선포하는 기적의 삶을 살게 되었다.

6 베드로가 이르되 은과 금은 내게 없거니와 내게 있는 이것을 네게 주노니 나사렛 예수 그리스도의 이름으로 일어나 걸으라 하고 행 3:6

16 그 이름을 믿으므로 그 이름이 너희가 보고 아는 이 사람을 성하게 하였나니 예수로 말미암아 난 믿음이 너희 모든 사람 앞에서 이같이 완전히 낫게 하였느니라 행 3:16

의인의 삶에서 가장 중요한 핵심은 무엇일까? 그것은 바로 성령 안에서 말씀을 통해 하나님을 만나고, 그분의 말씀을 믿는 대로 고백하고, 고백한 대로 행동함으로써 이 땅에 도래한 하나님나라에서 주의 은혜를 누리는 삶일 것이다. 은혜를 누린다는 것은 받을 만한 가치가 없는 자에게 베푸는 것일 뿐만 아니라 인간의 노력이나 행위로 얻을 수 없는 기적이 경험되는 것이기도 하다.

우리는 베드로의 삶에서 기적의 핵심은 어떤 방법이나 수단을 추구하는 데 있지 않다는 것을 다시 한 번 알게 된다. 베드로는 약속하신 대로 오순절 날 성령체험을 통해서 하나님 자녀의 권세와 능력을 받았고, 그러자 진리의 영이 가르치고 예수님이 말씀하신 것을 깨닫게 되었다. 오늘날 우리도 마찬가지다. 다음 장에서 보다 구체적으로 의인의 말씀, 믿음, 고백, 행동에 대해서 언급하겠지만, 의인의 삶은 무엇을 어떻게 배우고 행하는가에 달려 있는 것이 아니라 성령의 통치함을 받음으로 나타난다. 따라서 의인으로서 온전한 삶을 살기 원한다면 먼저 하나님의 영에 인도함을 받기 위한 성령체험이 절대적으로 필요하다[이 부분에 대해 보다 구체적으로 알기 위해서는《알고 싶어요 성령님》(규장)을 참고하라].

2 의인에게 말씀은 생명이다

말씀을 통해

생명의 하나님을

만나야 한다

의인은 말씀을 어떻게 생각하고 받아들여야 할까? 흔히 말씀을 진리로만 받아들이고자 하는 경향이 있다. 분명히 말씀은 진리다. 그러나 그 말씀은 진리일 뿐 아니라 또한 영이요 생명이신 하나님이시다. 따라서 하나님이 주신 말씀은 생명의 진리다.

1 태초에 말씀이 계시니라 이 말씀이 하나님과 함께 계셨으니 **이 말씀은 곧 하나님이시니라 2** 그가 태초에 하나님과 함께 계셨고 **3** 만물이 그로 말미암아 지은 바 되었으니 지은 것이 하나도 그가 없이는 된 것이 없느니라 요 1:1-3

1 태초부터 있는 **생명의 말씀에 관하여는 우리가 들은 바요 눈으로 본 바요 자세히 보고 우리의 손으로 만진 바라** **2** 이 생명이 나타내신 바 된지라 이 영원한 생명을 우리가 보았고 증언하여 너희에게 전하노니 이는 아버지와 함께 계시다가 우리에게 나타내신 바 된 이시니라 요일 1:1-2

   하나님께서 우리에게 말씀을 주신 이유는 단지 우리가 말씀을 지키게 하기 위해서가 아니라 하나님을 알고 하나님과 교제하기 위해서이다. 말씀은 아버지께서 자녀를 부르시는 그분의 마음을 전하는 소리다. 그런데 우리가 하나님의 말씀을 단지 진리로만 여기고 받아들인다면 그 말씀은 옳고 그름을 판단하는 기준은 될지언정, 하나님과 우리가 생명적 관계를 가지게 하거나 그분의 능력이 나타나게는 하지는 못할 것이다. 말씀이 곧 하나님이시라는 사실을 알 때, 그 말씀은 진리뿐만 아니라 생명이라는 사실을 깨닫게 된다. 그러면 우리의 이성적 사고로 진리를 인식하는 것에서 벗어나 (초월하여) 진리와 생명적 교제를 하게 된다.

   하나님께서 말씀으로 자신을 계시하신 이유는 단지 우리로 하여금 말씀 속에 담긴 진리를 깨닫게 하시기 위해서만은 아니다. 하나님은 우리가 말씀의 진리를 통해서 진리의 생명이신 하나님을 인격적으로 만나기 원하신다. 우리가 이미 의인이라 할지라도 만약 우리가 성령의 감동 없이 말씀을 읽고 믿는다면, 우리는 스스로 그 진리를 지키고 행하는 주체가 될 수밖에 없다. 그렇게 되면 율법적인(행위 보상적인) 신앙생활에서 벗어나지 못하게 된다. 예를 들어, 전공서적을 읽는 것과 성경을 읽는 것의 차이에 대해서 생각해 보자. 전공서적은 자신의 전문 지식을 쌓기 위해서 읽고 배우는 것이지만, 진리의 말씀인 성경은 그 말씀에 따라 나를 변화시키기 위해서 읽고 배운다. 분명 그 둘을 읽는 목적이나 접하는 내용은 다르지만, 실제로 말씀이나 글을 받아들이는 방식은 대체로 동일하다. 만약 그렇다면 말씀이 전공서적을 읽을 때 얻는 정도 이상으로 우리에게 영향을 미치지 못한다 하더라도 결코 놀라운 일이 못 된다.

우리가 수많은 말씀을 듣고 배우고 암기하지만 그 말씀이 나를 온전히 변화시키지 못하는("너희 속에 거하지 아니하니") 이유는 무엇일까? 그것은 바로 우리가 성경에서 영생을 얻는 줄 알고 성경을 읽지만 전공서적을 보는 것처럼 성경을 연구했기 때문이 아닐까? 우리는 성령 안에서 성경의 말씀을 통하여 내 안에 계신 예수 그리스도를 만나야 한다.

38 그 말씀이 너희 속에 거하지 아니하니 이는 그가 보내신 이를 믿지 아니함이라 **39** 너희가 성경에서 영생을 얻는 줄 생각하고 성경을 연구하거니와 이 성경이 곧 내게 대하여 증언하는 것이니라 **40** 그러나 너희가 영생을 얻기 위하여 내게 오기를 원하지 아니하는도다 요 5:38-40

예수 안에 있는 믿음으로 말씀을 '들으라'

성경의 말씀이 어떻게 우리에게 구원에 이르는 지혜를 주는가? 만일 성령의 감동하에 주의 말씀을 읽는다면, 우리는 바로 그 말씀을 통하여 말씀이신 하나님을 만나는 것이며, 그 결과 생명이신 하나님의 마음과 교감하는 것이다. 이러한 역사는 세상적으로 아무리 뛰어날지라도 구원받지 못한 자에게는 절대로 일어날 수 없는 참으로 놀라운 일이다. 그렇다면 말씀이 단순한 지식이나 정보가 아니라 하나님의 생명으로 받아들여지려면 무엇이 필요할까? 믿음이다. 생명의 말씀과 믿음은 떼려야 뗄 수 없는 불가분의 관계를 가지고 있다. 그렇다면 그 믿음은 우리의 의지적인 믿음일까? 결코 그렇지 않다. 성경은 우리의 믿음이 아니라 예수 그리스도 안에 있는 믿음(예수 그리스도의 믿음)이라고 말씀하신다(이해가 되지 않으면 앞 장을 다시 읽어 보라). 의인은 자신 안에 '그날' 이전에 가졌던 인간적인(감각적인) 믿음 외에 바로 이 믿음이 있다는 사실을 인정하고 믿어야 한다. 왜냐하면 옛 자아는 이미 죽었고 자신 안에 예수 그리스도께서 영으로 함께하시기 때문이다. 우리가 이 믿음 안에서 주의 말씀을 들을 때 그 말씀이 믿어지고, 주께서 친히 주의 말씀을 이루신다. 이것은 결코 나 자신의 노력이나 행위로 나의 삶을 변화시키거나 주의 말씀을 이루는 것이 아니다.

15 또 어려서부터 성경을 알았나니 성경은 능히 너로 하여금 **그리스도 예수 안에 있는 믿음으로** 말미암아 구원에 이르는 지혜가 있게 하느니라 딤후 3:15

2천 년 전의 사건들을 생각해 보라. 누구든지, 그리고 어떤 믿음을 가졌든지 예수님을 만나서 그분의 말씀을 듣는 자는 기적을 경험했다. 왜냐하면 그들은 성자 하나님을 만나서 그분의 생명 말씀을 들었기 때문이다. 그러나 지금 예수님은 우리의 죄를 대속하시기 위해 죽으시고 부활 승천하심으로 하나님의 우편에 계시면서 약속하신 보혜사 성령으로 우리 심령 안에 오셨다. 그분은 우리의 영 안에 계시다. 그러므로 우리는 영으로부터 그분이 주시는 생명의 말씀을 들어야 한다. 이것은 우리가 지금까지 해온 것처럼 자신의 마음으로 성경의 말씀을 받아들이고 믿는 것과는 다른 것이다. 우리는 성경의 말씀을 통해서 살아 계신 주님을 만나고, 내 안에 계신 영이요 생명이신 주님으로부터 그분이 친히 하시는 말씀(그리스도의 말씀)을 듣는 데까지 나아가야 한다.

63 살리는 것은 영이니 육은 무익하니라 **내가 너희에게 이른 말은 영이요 생명이라** 요 6:63

17 그러므로 믿음은 들음에서 나며 들음은 **그리스도의 말씀으로** 말미암았느니라 롬 10:17

**마음을 새롭게 함으로
변화를 받으라**

　　　　　　　일반적으로 그리스도의 영이 자신의 혼과 육을 통치하는 것을 체험하지 못한 그리스도인들은 자신이 영적 존재인 것을 제대로 알지 못하기 때문에 여전히 옛것에 속한(새로워지지 못한) 마음으로 주의 말씀을 읽고 암송하고 받아들인다. 즉, 육체에 기초한 사고체계로 주의 말씀을 믿는 것이다. 육체에 기초한 사고체계란 구원받기 전의 타락한 상태에서 세상 신의 영향 아래 형성된 우리 마음의 사고방식과 태도를 말한다. 이를 성경적으로 말하자면 바로 '육신의 생각'이다. 그러나 이 믿음으로는 말씀이 자신을 변화시키도록 할 수 없다. 왜냐하면 우리가 말씀을 믿는 이유는 자신의 삶을 변화시키고 주의 뜻을 나타내기 위함인데, 이 경우에는 하나님의 말씀을 받아들이는 자의 마음 자체가 여전히 육체에 기초한 사고체계에서 벗어나지 못하고 있기 때문이다(222쪽의 [그림 A]).

　이는 이미 언급한 것처럼 성경의 말씀이 하나님의 말씀이라는 것을 믿지만, 그 말씀을 받아들이는 마음의 태도는 우리가 전공서적의 지식을 받아들이는 것과 같다.

　비록 영은 예수 그리스도로 인하여 변화되었지만, 우리의 마음은 여전히 자신의 과거와 경험, 다른 사람과의 관계, 세상의 관습과 전통 등에 묶여 있으며, 그 마음의 사고체계에 기초하여 믿음생활을 하는 것이다. 따라서 우리가 참으로 하나님의 말씀으로 우리의 삶을 바꾸고, 주의 뜻을 이 땅에 이루기 위해서는 주의 말씀을 받아들이는 마음을 새롭게 해야 한다.

2 너희는 이 세대를 본받지 말고 오직 마음을 새롭게 함으로 변화를 받아 하나님의 선하시고 기뻐하시고 온전하신 뜻이 무엇인지 분별하도록 하라 롬 12:2

그런데 이 말씀을 제대로 이해하지 못해서 흔히 옛날같이 살지 않고 다르게 살기로 작정 혹은 결단하는 의미로 해석한다. 즉, 더 이상 죄 된 일은 하지 않는다, 새롭게 다시 도전한다 등의 뜻으로 받아들이는 것이다(그렇게 마음을 새롭게 해서 변화된 것이 있었는가? 만약 있었다면 얼마나 지속되었는가?). '마음을 새롭게 한다'는 것은 인식(사고체계)의 주체를 바꾼다는 뜻이다. 즉, 자신의 육신에 기초한 사고체계에서 출발하는 마음의 태도에서 나의 생명 되시고 주 되신 예수 그리스도의 마음에서 출발하는 것으로 변화시킨다는 것이다. 그 과정에서 나오는 것이 바로 예수 그리스도 안에 있는 믿음(예수 그리스도의 믿음)이다. 할렐루야!

그렇다면 의인은 말씀을 어떻게 받아들여야 하는가? 말씀은 영이며 생명이다. 우리 마음의 인식 안에 하나님의 영과 생명을 둘 수는 없으며, 반대로 하나님의 영과 생명 안에 우리의 마음을 일치시켜야 한다.

63 살리는 것은 영이니 육은 무익하니라 내가 너희에게 이른 말은 영이요 생명이라 요 6:63

말씀을 읽을 때는 성령 하나님의 감동이 있어야 한다. 즉, 성령께서 우리의 혼과 육을 통치해야 한다. 그래야 나의 생각이나 감정의 개입 없이 참 진리의 말씀에 내 마음을 일치시키는 것이 가능해진다. 우리가 기억해야 할 사실은 우리를 자유하게 하는 것이 예수 그리스도의 생명 말씀이신 진리 자체이지, 진리에 대한 나의 생각과 느낌이 아니라는 것이다.

32 진리를 알지니 진리가 너희를 자유롭게 하리라 요 8:32

17 주는 영이시니 주의 영이 계신 곳에는 자유가 있느니라 고후 3:17

마음을 말씀에 일치시킨다는 것은 무엇을 의미할까? 다시 한 번 생각해 보라. 말씀이 바로 영이요 생명이다. 그러므로 당신의 마음을 말씀에 일치시킨다는 것은 말씀을 당신의 마음 안으로 집어넣는 것(의식화, 내면화)이 아니라, 당신의 마음을 말씀이신 하나님의 영(생명)에 일치시킨다는 것이다. 이 일은 나의 수고와 노력이 아니라 오직 성령님의 감동에 의해서 이루어질 수 있다(222쪽의 [그림 B]).

10 새 사람을 입었으니 이는 자기를 창조하신 이의 형상을 따라 지식에까지 새롭게 하심을 입은 자니라 골 3:10

내가 말씀을 받아들이는 것이 아니라, 말씀이 나를 받아들이는 것이다. 주체가 바뀌는 것이다. 내 생각, 감정, 의지를 받아들일 수 없는 말씀을 내 마음에 집어넣는 것이 아니라, 말씀에 내 생각(내 기존의 경험이나 생각과 같지 않을지라도), 감정(내 마음속에 기쁨이 없고, 분노와 두려움이 일고, 거짓처럼 느껴질지라도), 의지(그렇게 행동하거나 살고 싶지 않을지라도)를 일치시키는 것이다. 따라서 마음이 열려 있지 않으면, 주의 말씀을 받아들일 수가 없다. 마음이 열리는 것은 오직 성령의 감동하에서만 이루어질 수 있다.

성령의 감동하심을 매일 적극적으로 받을 수 있는 길은 내가 진정으로 누구인지를 늘 인식하는 것이다. 우리는 더 이상 타락한 육적 존재가 아니라 하나님의 영과 합한 영적 존재라는 사실을 알고, 그분의 끊임없는 임재 가운데 사는 것이다. 이 삶을 위해서 늘 신령과 진정으로 주님을 찬송하고 경배해야 한다. 하나님의 생명 안에 하나님의 말씀이 있다. 말씀이 바로 하나님이시다. 성령의 감동하심에 이끌려 기록된 진리의 말씀에 우리의 마음을 드릴 때, 그 마음은 하나님의 생명에 일치된 마음이 된다. 하나님은 이것을 의라고 칭하신다. 의란 하나님께서 우리를 지으신 본래 목적대로 돌아간 상태를 의미한다. 그것은 바로 예수 그리스도께서 친히 우리의 죄가 되심으로 인하여 그분을 믿는 믿음을 통해서 가능해지는 하나님과의 올바른 관계성이다(a right relationship with God by the faith in Jesus Christ).

5 육신을 따르는 자는 육신의 일을, 영을 따르는 자는 영의 일을 생각하나니
6 육신의 생각은 사망이요 영의 생각은 생명과 평안이니라 롬 8:5-6

결국 진정한 말씀의 역사란 과거에 속한 우리 자신의 감각적인 믿음을 포기하고(의지하지 않고), 내 안에 계신 그리스도로부터 부어지는 초자연적인 믿음이 내 마음을 온전히 사로잡도록 하는 것이다. 성경에는 이것을 영의 생각(롬 8:6)이라고 말한다. 그것은 성령체험을 통해서 하나님의 영이 우리의 혼과 육을 통치하는 것을 경험할 때부터 실제적인 체험으로 나타나기 시작한다. 영의 생각이란 하나님의 영에 의해서 통치함을 받는 우리 마음을 일컫는다. 이것은 의인이 가져야 할 새생명에 기초한 새로운 사고체계다. 이것을 다르게 표현하면 영으로써 몸의 행실을 통치하는 것이며, 그리스도의 영에 의해서 혼과 육이 실제 삶 속에서 인도함을 받는 것까지를 포함한다. 성경은 이것을 "심령이 새롭게 되어"(엡 4:23) 또는 "마음으로 믿어 의에 이르고"(롬 10:10) 등으로 표현하고 있다.

13 너희가 육신대로 살면 반드시 죽을 것이로되 영으로써 몸의 행실을 죽이면 살리니 **14 무릇 하나님의 영으로 인도함을 받는 사람은** 곧 하나님의 아들

이라 롬 8:13-14

23 오직 너희의 심령이 새롭게 되어 엡 4:23

10 사람이 마음으로 믿어 의에 이르고 입으로 시인하여 구원에 이르느니라
롬 10:10

　우리의 마음이 하나님의 영에 일치될 때, 하나님의 영(말씀)은 우리 마음에 그 말씀이 진리라는 사실을 증거한다. 그것이 바로 내적 증거다. 내적 증거는 하나님의 영에서 우리의 혼으로 임하는 신비로운 감동이다. 이전에 그렇게 많이 들어도 감동이 없던 어떤 말씀이 어느 날 갑자기 가슴을 찌르는 것같이 마음을 파고들어, 바로 나에게 주시는 말씀으로 확신되고, 눈물이 나며 회개하거나 말할 수 없는 기쁨이 솟아난 적이 없는가? 그것이 바로 성령님에 의해 주어지는 내적 증거다. 성령 하나님의 내적 증거에 의해서 우리가 스스로 말씀을 믿는 것이 아니라, 말씀이 우리 각자에게 믿어지는 역사가 일어나며, 그 결과 우리의 마음이 하나님의 영(주의 영과 합한 내 영)에 의해서 변화되는 것이다. 그러한 결과들로 점진적으로(그리스도 안에서 이런 방식으로 경험되는 수많은 일로) 형성되는 새로운 사고체계에 의해서 우리는 실제적으로 이전과 다른 새로운 생각, 감정, 의지를 가지고 하나님나라의 삶을 살게 되는 것이다.

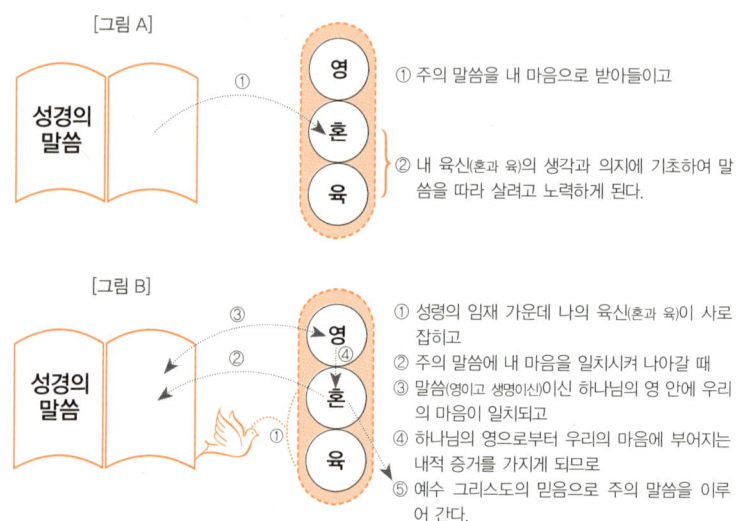

〈말씀과 영의 생각의 관계〉

위 그림은 말씀과 영의 생각의 관계를 보다 잘 설명하기 위해 삼분설에 입각하여 그린 것이다. [그림 A]는 성령님의 임재나 감동이 없는 상태에서 자신의 마음이 주의 말씀을 받아들이는 것을 예로 나타낸 것이다. 그림상에는 영혼육이 서로 일치된 것처럼 보이지만 사실은 그렇지 않다. 우리 안에 하나님의 영이 함께하지만, 여전히 혼과 육은 따로 작동하고 있다. 예를 들어, 마음은 영의 통치함을 받기보다는 자신의 경험, 지식, 생각으로 가득 차 있을 수 있다. 또한 성경을 읽고 있으면서도 얼마든지 다른 생각을 가질 수 있다. 한편, 육도 마찬가지다. 혼의 통치함을 받을 때도 있지만 악한 영에 의해서

탐욕에 묶일 때는 마음이 원치 않음에도 쾌락을 위해서 육체를 내어 준다. 이런 상태는 마음이 주의 영에 일치되지 않은 상태에서 주의 말씀을 자신의 마음에 담아 두고(①), 자신의 생각, 감정, 의지대로 그것을 지키려고 애쓰는 것이다(②).

한편, [그림 B]는 먼저 성령의 감동하에서(요 16:8) 자신의 혼과 육이 사로잡힌 다음 주의 말씀을 받아들이는 것을 나타낸 것이다(①). 이것은 자신의 마음에 주의 말씀을 받아들이는 것이 아니라, 말씀(성령님이 임하셔서 영이요 생명이 된)에 자신의 마음(생각, 감정, 의지)과 육체를 일치시키는 것이다(②). 그럼으로써 결국 하나님의 영에 자신의 마음(혼)이 일치되는 것이다(③). 이것을 영의 생각(롬 8:6, 성령님에 의해서 통치함을 받는 마음)이라고 부른다(④). 이 상태는 우리의 마음이 하나님의 뜻에 일치된 것으로 볼 수 있다. 하나님께서는 이 상태를 통하여 말씀에 의해서 변화된 마음이 하나님의 뜻이라고 증거하신다. 이것이 바로 내적 증거이며, 내적 감동이다. 하나님은 이것을 의롭다 하시며, 성경은 "마음으로 믿어 의에 이르고"라고 했다(롬 10:10). 그리고 하나님으로부터 주어진 그 말씀이 믿어짐으로(예수 그리스도의 믿음으로) 입으로 시인하여 주의 뜻을 자신의 삶 가운데 이루게 된다(⑤).

3 의인의 믿음은 이렇게 나타난다

복음은 하나님의 의를

누리기 위해

필요한 것

      이 주제에 대한 다음의 핵심 구절이 의미하는 바를 살펴보도록 하자.

17 복음에는 하나님의 의가 나타나서 믿음으로 믿음에 이르게 하나니 기록된 바 오직 의인은 믿음으로 말미암아 살리라 함과 같으니라 롬 1:17

1. "복음에는 하나님의 의가": 우리는 흔히 복음의 내용을 예수 그리스도를 믿음으로 죄사함을 얻는 것이라고 생각하지만, 사도 바울

은 여기서 더 나아가 복음이 본질적으로 하나님의 의와 연관된 것임을 선포하고 있다. 이미 언급한 바와 같이 복음의 궁극적인 목적은 우리가 얼마나 타락하고 부패한 죄인인가를 나타내는 데 있는 것이 아니라, 그런 우리를 하나님께서 다시금 용납하시고 그분 자신의 본질을 나타내는 자녀로 삼아 주신다는 놀라운 은혜를 선포하는 데 있다. 바꾸어 말하자면 단지 죄사함을 받기 위해서가 아니라, 무엇보다 하나님의 의를 누리기 위해서 우리에게 복음이 필요한 것이다. 복음 성취는 단지 우리의 인간적인 믿음으로 이루어지는 것이 아니라, 성령님의 감동하심을 통해 나타나는 하나님의 성실성(God's faithfulness)에 의해서 이루어진다.

2. "나타나서": 이 동사는 '아포'(헬: apo, ~부터 멀리 떨어져)와 '칼립토'(헬: kalypto, 덮다, 감추다)의 합성어로서 '덮은 것을 제거하다, 알게 하다, 계시하다'의 의미를 지닌다. 예수 그리스도께서 우리의 모든 죄를 대속하신 구속사역을 통해서 죄인이 오직 은혜로 말미암아 하나님과 올바른 관계를 가질 수 있다는 진리가 세상 가운데 알려지게 된다는 것이다.

3. "믿음으로 믿음에 이르게 하나니": 여기서 "믿음으로"는 출발의 근거를, 반면 "믿음에 이르나니"는 목표를 보여 준다. 즉, 첫 번째 "믿음으로"는 구원은 오직 믿음으로 시작된다는 것을 의미한다. 우

리가 하나님으로부터 의롭다 함을 얻는 것(칭의)은 우리의 행위가 아닌 믿음에 의해서만 가능하다. 물론 이 출발선상의 믿음도 우리 자신의 인간적인 믿음이 아니라, 성령의 도우심(감동하심)으로 말미암는 믿음이라는 점을 간과하지 말아야 한다. 한편 두 번째 "믿음에 이르게 하나니"라는 표현은 오직 믿음으로 구원받은 데서 끝나는 것이 아니라, 그때부터 예수 그리스도 안에 있는 진정한 믿음으로 우리의 영혼이 구원을 이루어 감으로써 마침내 성숙하고 온전한 믿음에 이르게 된다는 것을 뜻한다.

9 믿음의 결국 곧 영혼의 구원을 받음이라 벧전 1:9

8 내가 너희에게 이르노니 속히 그 원한을 풀어 주시리라 그러나 인자가 올 때에 세상에서 믿음을 보겠느냐 하시니라 눅 18:8

예수님이 재림하실 때 과연 "세상에서 믿음을 보겠느냐"라는 반문에는 놀라운 비밀이 계시되어 있다. 예수님이 다시 오실 때 이 땅에는 대환난이 있을 것인데, 그때 우리가 자신의 영혼을 팔지 않고 끝까지 지킬 수 있는 유일한 길은 오직 우리 안에 거하시는 "예수 그리스도 안에 있는 믿음"으로 사는 것이라고 믿음의 주체이신 그분이 친히 말씀해 주시는 것이다. 이 땅에서 우리가 승리할 수 있는 비결은 우리의 영혼이 세상의 물질, 관계, 과거, 사탄에 묶이는 것이 아니라 오직 그리스도의 영에 의해서 통제받는 것이며, 그것은 나 자신의 이성적이고 감각적이며 의지적인 믿음이 아니라 내가 그리스도와 함께 십자가에서 죽음으로 말미암아 친히 내 안에 오신 예수 그리스도 안에 있는 믿음을 통해서 이루어지는 것이다.

칭의로 인해 우리의 영이 구원을 얻은 후, 우리는 날마다 우리의 혼과 육체도 구원에 이르도록 해야 한다. 이것이 성화의 삶이다. 이러한 삶을 살기 위해서는 내 안에 계신 예수 그리스도의 믿음이 절대적으로 필요하다. 다른 말로, 첫 번째로 주어지는 칭의(구원)의 믿음은 우리에게 감동을 주시는(with us) 성령님에 의해서 주어지는 것이라면, 두 번째 믿음은 우리 안에 계신(in us) 성령님에 의해서 시작되고, 위로부터 임하시는(upon us) 성령님의 충만으로 완성되어 가는 예수 그리스도 안에 있는(그분이 주체가 되시는) 믿음이다. 한편, 인간 구원의 측면에서 칭의와 성화는 논리적으로 혹은 시간적으로 구분될 수 있지만, 하나님의 관점에서는 칭의 안에 성화와 영화가 함께한다고 볼 수 있다. 왜냐하면 우리가 구원받았을 때 하나님 전부가 우리 안에 계시기 때문이다.

20 내가 그리스도와 함께 십자가에 못 박혔나니 그런즉 이제는 내가 사는 것이 아니요 오직 내 안에 그리스도께서 사시는 것이라 이제 내가 육체 가운데 사는 것은 나를 사랑하사 나를 위하여 자기 자신을 버리신 **하나님의 아들을 믿는 믿음 안에서**(하나님의 아들의 믿음으로) **사는 것이라** 갈 2:20

4. "기록된 바 오직 의인은 믿음으로 말미암아 살리라": 믿음으로 의롭게 된 자는 계속해서 자신 안에 계신 예수 그리스도의 믿음으로 살아야 한다. 그래야만 믿음의 궁극적 목표인 영혼의 구원을 얻게 된다(벧전 1:9).

진정한
의인의 삶

로마서 1장 17절의 핵심을 다시 한 번 요약해 보면, 의를 얻기 위해서는 (칭의의) 믿음이 필요하고, 의롭게 된 자는 (예수 그리스도 안에 있는) 믿음으로 주의 뜻을 이루어 가야 한다. 이것이 우리에게 하나님의 의가 되는 방법을 계시하고 있는 복음이다. 우리는 흔히 예수 그리스도를 믿음으로 의롭게 되었고 하나님의 자녀가 되었다고 스스로 믿고 있다. 그렇지만 의인 된 우리가 주의 뜻을 이루기 위해 오직 믿음으로 살아야 한다는 것을 삶에서 구체적으로 어떻게 해야 하는지는 잘 모르는 것 같다.

믿음으로 구원을 얻고 주를 섬기는 삶이란 어떤 삶을 가리키는가? 구원을 얻은 자가 자신의 노력과 행위로 주를 위해서 사는 것인가 아니면 주의 뜻을 이루며 사는 것인가? 주의 뜻을 이룬다는 말의 참된 의미는 무엇인가? 내가 주의 뜻을 이루어 드리는 것일까, 아니면 내 안에 계신 주님께서 나를 통해서 친히 그분의 일을 행하는 것일까? 생각해 보라. 구원받은 이후 삶의 주인이 당신이 아니라 그리스도라면, 그분을 위해서 당신이 일하는 것이 아니라 그분께서 당신 안에서 그분의 일을 행하시는 것이 합당하지 않겠는가?

예수께서 우리 안에 계시기 때문에 이제 우리는 우리 안에 계시는 그분의 믿음으로 살아야 한다. 결국 이것이 나 자신의 삶이 아니라 그리스도의 삶을 사는 것이다. 다른 말로, 나의 신분이 아니라 그리스도의 신분으로 사는 것이다. 나의 이름이 아니라 그리스도의 이름으로 사는 것이다. 예수 그리스도의 영이 내 안에 계신다는 것은 그분이 나를 통해서 하나님 아버지의 뜻을 나타내기 원하신다는 의미다. 종은 주인을 섬기기 위해서 산다. 그러나 자녀인 우리는 아버지의 뜻을 이루는 삶을 산다.

결국 진정한 의인의 삶을 규정하는 네 가지 핵심은,

첫째, 예수 그리스도의 믿음을 가지고

둘째, 예수 그리스도의 이름으로

셋째, 하나님나라에서 이미 이루어진 주의 말씀을 이 땅에 선포함으로써

넷째, 이 땅에 주의 뜻을 실제적으로 이루어 가는 것이다.

세 가지
믿음

　　　　　　　이와 같은 의인의 관점에서 바라볼 때, 믿음에는 크게 세 가지 믿음이 있다. 불신자의 믿음과 성령의 감동을 받는 믿음, 그리고 그리스도의 통치를 받는 믿음이다. 첫째, 불신자의 믿음은 하나님과 관계없는 인간적인 믿음이다. 이 믿음은 우리 마음의 의지로 있을 수 없는 것, 불가능한 것, 아직 보지 못한 것 등을 받아들이기 위해서 노력하는 믿음이다. 즉, 나 스스로 진리를 내면화하고 의식화하는 믿음이다. 둘째, 성령님의 감동하심으로 인하여 주의 말씀이 믿어지는 믿음이다. 이것은 구약시대의 선지자나 제사장이나 왕에게서 볼 수 있고, 신약시대에 이르러서는 예수님이 누구이신지를 고백한 베드로의 믿음이나 불신자가 예수님을 주와 그리스도로 영접할 수 있도록 작용하는 믿음이다. 셋째, 성령께서 우리 영 안에 계실 뿐만 아니라 성령체험을 통하여 우리의 혼과 육을 통치함으로써 소유하게 된 '예수 그리스도의 믿음(혹은 예수 그리스도 안에 있는 믿음)'이다. 그러므로 "오직 의인은 믿음으로 살리라"는 말씀의 뜻은 의롭게 된 우리가 바로 우리 안에 계신 예수 그리스도로 말미암아 그분의 믿음으로 살아가게 된다는 것이다.

　그런데 왜 우리는 모두 그러한 삶을 실제로 체험하지 못할까? 중요한 이유는 우리 안에 계시는 예수 그리스도의 진리는 믿지만, 우리에게 그리스도의 믿음이 있다는 사실은 믿으려 하지 않기 때문이다. 그러나 볼 수 없고 느낄 수 없는 그 사실을 우리가 먼저 믿음으로 취할 때, 우리는 비로소 내 영으로부터 내 혼(마음) 속으로 부어지는 주의 말씀을 들을 수 있고, 예수 그리스도로 말미암는 온전한 믿음을 갖게 된다. 이러한 사실을 확증하기 위해서 사도 바울의 믿음에 대해 생각해 보자. 바울은 다른 사도들과 달리 예수님을 육신적으로 만난 적이 없다는 점에서 우리와 동일한 신앙의 배경을 가지고 있다.

17 그러므로 믿음은 들음에서 나며 들음은 그리스도의 말씀으로 말미암았느니라 롬 10:17

다메섹 도상에서 주의 부르심을 받기 전에 바울이 어떤 사람이었는가? 그는 예수 믿는 자들을 박해하는 데 앞장섰던 사람으로서 많은 이로부터 예수 그리스도와 하나님나라에 대한 복음을 들었을 것이다. 그러나 바울의 결정적인 복음 체험은 초대교회의 첫 번째 순교자인 스데반이 예수 그리스도에 대해서 선포한 내용을 들었을 때였을 것이다. 그런데 그때 어떤 일이 일어났는가?

54 그들이 이 말을 듣고 마음에 찔려 그를 향하여 이를 갈거늘 **55** 스데반이 성령 충만하여 하늘을 우러러 주목하여 하나님의 영광과 및 예수께서 하나님 우편에 서신 것을 보고 **56** 말하되 보라 하늘이 열리고 인자가 하나님 우편에

서신 것을 보노라 한대 **57** 그들이 큰 소리를 지르며 귀를 막고 일제히 그에게 달려들어 **58 성 밖으로 내치고 돌로 칠새 증인들이 옷을 벗어 사울이라 하는 청년의 발 앞에 두니라 59** 그들이 돌로 스데반을 치니 스데반이 부르짖어 이르되 주 예수여 내 영혼을 받으시옵소서 하고 **60** 무릎을 꿇고 크게 불러 이르되 주여 이 죄를 그들에게 돌리지 마옵소서 이 말을 하고 자니라 행 7:54-60

1 사울은 그가 죽임 당함을 마땅히 여기더라 그날에 예루살렘에 있는 교회에 큰 박해가 있어 사도 외에는 다 유대와 사마리아 모든 땅으로 흩어지니라 행 8:1

1 사울이 주의 제자들에 대하여 여전히 위협과 살기가 등등하여 대제사장에게 가서 **2** 다메섹 여러 회당에 가져갈 공문을 청하니 이는 만일 그 도를 따르는 사람을 만나면 남녀를 막론하고 **결박하여 예루살렘으로 잡아오려 함이라** 행 9:1-2

19 내가 말하기를 주님 내가 주를 믿는 사람들을 가두고 또 각 회당에서 때리고 **20** 또 주의 증인 스데반이 피를 흘릴 때에 내가 곁에 서서 찬성하고 그 죽이는 사람들의 옷을 지킨 줄 그들도 아나이다 행 22:19-20

우리는 흔히 로마서 10장 17절의 말씀을 예수 그리스도에 대한 복음을 전해 듣기만 하면 하나님의 은혜로 믿음이 생기고 그 결과 구원을 얻게 된다는 식으로 이해하지만, 그 말씀을 한 사도 바울 자신의 경우를 생각해 보라. 우리와 동일하게 예수 그리스도에 대한 복음을 전해들었으나 오히려 믿는 자들을 핍박하지 않았는가? 그렇다면 그는 어떻게 진정한 믿음을 가지게 되었는가?

3 사울이 길을 가다가 다메섹에 가까이 이르더니 **홀연히 하늘로부터 빛이 그를 둘러 비추는지라 4** 땅에 엎드러져 들으매 소리가 있어 이르시되 **사울아 사울아 네가 어찌하여 나를 박해하느냐 하시거늘 5** 대답하되 주여 누구시니이까 이르시되 나는 네가 박해하는 예수라 **6** 너는 일어나 시내로 들어가라 네가 행할 것을 네게 이를 자가 있느니라 하시니 행 9:3–6

7 같이 가던 사람들은 소리만 듣고 아무도 보지 못하여 말을 못하고 서 있더라 행 9:7

19 음식을 먹으매 강건하여지니라 사울이 다메섹에 있는 **제자들과 함께 며칠 있을새 20** 즉시로 각 회당에서 예수가 하나님의 아들이심을 전파하니 **21** 듣는 사람이 다 놀라 말하되 이 사람이 예루살렘에서 이 이름을 부르는 사람을 멸하려던 자가 아니냐 여기 온 것도 그들을 결박하여 대제사장들에게 끌어가고자 함이 아니냐 하더라 **22 사울은 힘을 더 얻어 예수를 그리스도라 증언하여 다메섹에 사는 유대인들을 당혹하게 하니라** 행 9:19–22

"믿음은 들음에서 나며 들음은 그리스도의 말씀으로 말미암았느니라"(롬 10:17)는 뜻은 살아 계신 예수 그리스도의 말씀을 들을 때 믿음이 생겨난다는 것이다. 이 점을 다시 생각해 보라. 우리가 단지 성경의 말씀을 들을 때 자동으로 믿음이 생기는 것이 아니다. 많은 경우, 이런저런 말씀을 듣지만 아무런 마음의 변화도 일어나지 않고 단지 성경에 대한 지식만 쌓일 수도 있다. 그러나 어떤 때는 바로 나에 대한 말씀으로 느껴져서 감격하여 눈물을 흘리며 '아, 말씀이 살아 움직이는구나. 내 안에 하나님께서 살아 계시는구나'라는 생각이 든다. 바로 그것이 믿음을 촉발시키는 그리스도의 말씀이다. 단지 성경에 기록된 말씀이 아니라 예수 그리스도의 영이신 성령님이 조명해 주신 생명의 말씀으로 들을 때, 우리 안에 진정한 믿음이 생겨나는 것이다. 말씀은 영이요 생명이다. 그것은 진리만이 아니라 하나님 자신이다. 우리가 진리로만 받아들인 말씀은 우리에게 옳고 그름을 판단하는 기준이 될 수는 있지만, 생명을 줄 수 없다. 능력도 주지 못한다. 그리고 하나님과 살아 있는 관계도 열어 주지 못한다.

2천여 년 전 육신으로 이 땅에 오신 예수 그리스도는 이제 보혜사 성령님으로 우리의 영 안에 계시며 우리의 혼에 말씀하신다. 그러므로 우리는 그분으로부터 오는 생명의 말씀을 들어야 한다. 그때 우리 안에 생겨나는 초자연적인 믿음은 내 자신의 믿음이 아니라 하나님께서 부어 주시는 예수 그리스도 안에 있는 믿음인 것이다. 예수 그리스도 안에 있는 믿음은 곧 하나님의 믿음이며, 이는 곧 하나님의 영이 우리의 혼과 육에 나타나고 있는 것이다. 하나님의 마음이 우리의 마음을 사로잡은 것이다. 바로 그 하나님의 마음 안에서 우리는 하나님이 바라보시는 관점으로 자신과 세상을 보게 되고, 그 결과 우리의 삶이 바뀌게 되는 것이다.

다시 생각해 보자. 우리는 예수 그리스도의 죽으심과 부활하심에 동참함으로 구원을 얻게 된다. 승천하신 예수님은 보혜사 성령님으로 우리에게 임하신다. 그러므로 이제 우리는 구원을 이루어 가야 한다(빌 2:12). 다시 말해서, 주의 뜻을 이루어 가는 삶을 살아야 한다. 우리 안에 계신 주님은 우리를 통하여 친히 그분의 일을 행하기 원하신다. 어떻게 그런 일이 일어날 수 있는가? 바로 그리스도의 생명의 말씀을 통하여 우리에게 하나님의 믿음이 임할 때, 우리가 주의 말씀을 선포함으로써 그 말씀이 실제적으로 이루어지게 하는 것이다. 이것이 바로 의인의 현재적이며 영적이며 생명적인 참 믿음이다. 이를 다시 풀이하면 이렇다.

첫째, 믿음은 현재적이다. 그러므로 지금 들어야 한다. 어제나 오늘이나 영원토록 동일하신 예수 그리스도는 우리가 주의 말씀을 읽고 들을 때 보혜사 성령님을 통해서 하나님의 마음을 알려 주신다.

둘째, 믿음은 영적이다. 성경에 기록된 말씀이나 설교를 통하여 선포되는 말씀을 단지 혼적 차원에서 지식적으로 읽거나 듣는 것이 아니라 살아 계신 그리스도로부터 오는 말씀으로 만나야 한다. 그분은 지금 우리 영 안에 계신다. 믿음은 예수 그리스도께서 내 영에서부터 내 혼에 말씀하시는 것을 들을 때 이루어지는 것이다.

셋째, 믿음은 생명적이다. 그리스도의 말씀은 영이고 생명이며 하나님이시다. 말씀을 진리로만 듣는다면 당신은 결코 하나님과 관계할 수 없다. 당신은 생명이신 말씀을 통해 살아 계신 하나님과 교제하는 믿음으로 나아가야 한다.

의인은
이런 믿음으로
산다

의인은 하나님의 자녀이며 예수 그리스도와 한 가족이다. 의인은 더 이상 타락한 육적인 존재가 아니라 영적인 존재다. 그는 우리 안에 계신 예수 그리스도로 말미암는 (그분 안에 있는, 그분 자신의) 새로운 믿음을 가진 자다. 실제 삶에서 의인은 다음과 같은 온전한 믿음을 나타내야 한다.

첫째, 사실(나타나 보이는 현상)에 기초한 마음을 말씀(진리)에 기초한 마음으로 계속 돌이켜야 한다. 왜냐하면 주의 뜻을 이루는 것은 이 세상의 보이는 무엇이 아니라 보이지 않는 생명의 말씀이기 때문이다. 우리의 마음은 온전한 마음이 아니라 여전히 육신의 정욕과 안목의 정욕과 이생의 자랑에 묶여 있기에 구원을 이루어 가야 하는 마음이다. 따라서 우리의 마음 자체는 주의 말씀에 일치되는 생각,

감정, 의지를 가질 수 없다. 그러므로 의인의 믿음은 주의 말씀을 우리의 마음에 받아들이는 것이 아니라, 주의 말씀에 우리의 마음을 일치시키는 것이다.

> **3** 믿음으로 모든 세계가 하나님의 말씀으로 지어진 줄을 우리가 아나니 보이는 것은 나타난 것으로 말미암아 된 것이 아니니라 히 11:3

> **18** 우리가 주목하는 것은 보이는 것이 아니요 보이지 않는 것이니 보이는 것은 잠깐이요 보이지 않는 것은 영원함이라 고후 4:18

둘째, 아직 이루어지지 않은 현실로부터 언젠가 이루어질 미래를 바라보는 것이 아니라, 이미 이루어진 과거의 결과가 현실에 나타나도록 바라보아야 한다. 의인의 믿음은 2천여 년 전에 모든 것을 이루시고 부활 승천하신 후 우리 안에 와 계신 예수 그리스도 안에서 하나님의 모든 약속이 이미 이루어진 것을 믿고 현재적으로 적용하는 믿음이다.

> **3** 찬송하리로다 하나님 곧 우리 주 예수 그리스도의 아버지께서 그리스도 안에서 하늘에 속한 모든 신령한 복을 우리에게 주시되 엡 1:3

> **24** 친히 나무에 달려 **그 몸으로 우리 죄를 담당하셨으니** 이는 우리로 죄에 대

하여 죽고 의에 대하여 살게 하려 하심이라 그가 채찍에 맞음으로 너희는 나음을 얻었나니 벧전 2:24

1 믿음은 바라는 것들의 실상이요 보이지 않는 것들의 증거니 히 11:1

셋째, 이 땅에서 하늘을 바라보며 구하는 것이 아니라, 이미 하나님나라에서 이루어진 모든 것이 이 땅에 나타나도록 해야 한다. 이 땅에 하나님나라가 도래했기 때문에 하나님의 자녀인 우리는 그분의 나라와 의를 믿음으로 구함으로써 영원한 하늘에서 이미 이루어진 하나님의 뜻이 현재 이 땅에서 이루어지게 할 수 있다. 우리는 하나님의 본질과 본성을 나타내는 그분의 의다. 우리 안에 계신 하나님의 뜻(말씀)을 예수 그리스도의 믿음을 통해서 이 땅에 이루어지게 하는 것이 우리의 존재 이유이자 삶의 목적인 것이다.

10 나라가 임하시오며 뜻이 하늘에서 이루어진 것같이 땅에서도 이루어지이다 마 6:10

24 그러므로 내가 너희에게 말하노니 무엇이든지 기도하고 구하는 것은 받은 줄로 믿으라 그리하면 너희에게 그대로 되리라 막 11:24

4 의인은 이렇게 고백하고 선포한다

하나님은

말씀으로 그의 뜻을

이루신다

하나님은 말씀하신 모든 것을 친히 이루시는 분이시다. 그분은 말씀으로 천지만물을 창조하셨다.

2 땅이 혼돈하고 공허하며 흑암이 깊음 위에 있고 하나님의 영은 수면 위에 운행하시니라 **3 하나님이 이르시되 빛이 있으라 하시니 빛이 있었고** 창 1:2-3

19 하나님은 **사람이 아니시니 거짓말을 하지 않으시고 인생이 아니시니 후회가 없으시도다** 어찌 그 말씀하신 바를 행하지 않으시며 하신 말씀을 실행하

지 않으시랴 민 23:19

11 내 입에서 나가는 말도 이와 같이 헛되이 내게로 되돌아오지 아니하고 나의 기뻐하는 뜻을 이루며 내가 보낸 일에 형통함이니라 사 55:11

12 여호와께서 내게 이르시되 네가 잘 보았도다 **이는 내가 내 말을 지켜 그대로 이루려 함이라 하시니라** 렘 1:12

34 내 언약을 깨뜨리지 아니하고 **내 입술에서 낸 것은 변하지 아니하리로다** 시 89:34

하나님의 독생자이신 예수 그리스도는 이 땅에 오셔서 자신의 생각 대신 하나님께서 말씀하시는 것만을 말씀하셨고, 아버지의 일을 행하셨다.

10 내가 아버지 안에 거하고 아버지는 내 안에 계신 것을 네가 믿지 아니하느냐 **내가 너희에게 이르는 말은** 스스로 하는 것이 아니라 아버지께서 내 안에 계셔서 그의 일을 하시는 것이라 요 14:10

그렇다면 우리는 누구인가? 예수 그리스도 안에서 우리는 하나님의 의이며 그리스도와 함께 유업을 약속받은 자녀로서 이 땅에 주의 뜻을 이루는 자들이다. 우리가 하나님의 뜻을 어떻게 이룰 수 있는가? 예수님이 이 땅에서 행하셨던 것처럼 우리도 하나님께서 우리에게 말씀하신 것을 동일하게 말할 때 주의 뜻을 이룰 수 있다. 우리는 하나님의 입으로부터 나오는 모든 말씀을 마음으로 믿고 그것을 우리의 입술로 선포함으로써 주의 뜻을 이루며 살아가는 자들이다. <u>우리가 영이요 생명이신 하나님의 말씀을 선포하지 않는다면 하나님께서 어떻게 이 땅에 그분의 통치를 이루어 가실 수 있겠는가?</u>

> **4** 예수께서 대답하여 이르시되 기록되었으되 사람이 떡으로만 살 것이 아니요 **하나님의 입으로부터 나오는 모든 말씀으로** 살 것이라 하였느니라 하시니
> 마 4:4

우리는 매일 하나님께서 나의 건강에 대하여, 재정 상태에 대하여, 강건함에 대하여, 기름 부으심에 대하여, 능력에 대하여, 관계에 대하여, 약속하신 모든 생명의 말씀을 그대로 말할 줄 알아야 한다.

우리는 어떻게 말하고 있는가?

우리는 나름대로 신앙생활을 잘하고 있다고 생각하지만, 우리가 믿는 대로 말하지는 않는다. 하나님의 말씀을 그대로 믿고 받아들이기 위해서 노력하지만, 말씀에 자신을 일치시켜 말하는 대신 자신의 의식에 인식된 생각만을 말할 뿐이다. 즉, 자신의 생각에 일어날 수 있고 가능한 것은 기꺼이 말한다. 그러나 어렵거나 불가능해 보이는 것은 말하기를 꺼린다. 우리는 언제나 하나님이 먼저 행하신 후에 그분이 하신 일을 고백하기 원한다. 하나님께서는 그리스도 안에 있는 우리를 통해서 친히 그분의 말씀을 이루시기 원하는데, 우리는 반대로 하나님께서 이미 우리를 위해 행하신 것에 대해서 간증하기만 좋아한다는 것이다. 하나님이 얼마나 답답하게 여기며 안타까워 하실지를 생각해 본 적이 있는가? 오늘날 우리 중 많은 이들은 자신의 믿음만으로 살아가면서 하나님의 은혜가 임하기를 간절히 구하고 있다. 그러나 하나님의 영적 원리는 그와 정반대다. 우리는 예수 그리스도의 믿음으로 그분의 말씀을 선포함으로써 이미 주어진 은혜를 누려야 한다.

44 너희는 너희 아비 마귀에게서 났으니 너희 아비의 욕심대로 너희도 행하고자 하느니라 그는 처음부터 살인한 자요 진리가 그 속에 없으므로 진리에

서지 못하고 **거짓을 말할 때마다 제 것으로 말하나니 이는 그가 거짓말쟁이요 거짓의 아비가 되었음이라** 요 8:44

우리는 거짓말하지 말아야 한다. 거짓 선지자 노릇하지 말아야 한다. 그러나 이 말은 단순히 사실이 아닌 말을 하지 말라는 뜻이 아니다. 우리는 하나님의 관점에서 볼 때 서로에게 거짓말을 하고 거짓 선지자 노릇을 하는 것이 무엇인지를 숙고해 보아야 한다. 하나님의 자녀임에도 불구하고 자신의 이성과 경험에 기초하여 느끼는 대로 말하며 살고 있다. 혹자는 그것이 무슨 큰 문제냐고 반문할지도 모르겠다. 그리스도인도 인간이니까 그렇게 느끼고 말하는 것이 당연하다고 주장할 수 있다. 이 세상에서 타락한 존재로 살아가며 세상의 말을 하던 옛 삶에서는 이성과 경험에 기초한 말이 문제될 것이 없을 것이다. 그러나 하나님나라에서 하나님의 자녀로 살아가는 자가 여전히 세상의 말을 한다면 그것은 거짓이 된다.

17 너희가 말로 여호와를 괴롭게 하고도 이르기를 우리가 어떻게 여호와를 괴롭혀 드렸나이까 하는도다 **이는 너희가 말하기를 모든 악을 행하는 자는 여호와의 눈에 좋게 보이며 그에게 기쁨이 된다 하며 또 말하기를 정의의 하나님이 어디 계시냐 함이니라** 말 2:17

13 여호와가 이르노라 **너희가 완악한 말로 나를 대적하고도 이르기를 우리가**

무슨 말로 주를 대적하였나이까 하는도다 말 3:13

9 너희가 서로 거짓말을 하지 말라 **옛 사람과 그 행위를 벗어 버리고** **10** 새 사람을 입었으니 이는 자기를 창조하신 이의 형상을 따라 지식에까지 새롭게 하심을 입은 자니라 골 3:9-10

"너희가 서로 거짓말을 하지 말라 옛 사람과 그 행위를 벗어 버리고"는 더 이상 나타난 현상과 상황에 대해서, 그리고 그것에 대한 자신의 생각과 느낌만을 말하며 그에 따라 행동하지 말라는 것이다. 질병이나 문제에 직면했을 때 다른 사람들의 말 또는 자신의 느낌이나 생각을 말하지 말아야 한다. 그것이 바로 거짓말하고 거짓 예언하는 것이기 때문이다.

현재 자신의 상황과 처지, 그리고 그에 대한 자신의 생각과 감정을 말하는 것은 결국,

첫째, 사탄이 한 일을 증언하는 것이고

둘째, 내가 사탄에게 완전히 장악되었음을 인정하는 것이며

셋째, '나는 사탄의 것입니다'라고 고백하는 것과 같다.

우리는 우리 마음속에 가득한 부정적이고 악하고 더러운 것을 입술로 말함으로써 그 심은 것을 거두는 어리석음을 범하고 있다.

8 혀는 능히 길들일 사람이 없나니 쉬지 아니하는 악이요 죽이는 독이 가득

한 것이라 9 이것으로 우리가 주 아버지를 찬송하고 또 이것으로 하나님의 형상대로 지음을 받은 사람을 저주하나니 10 한 입에서 찬송과 저주가 나오는도다 내 형제들아 이것이 마땅하지 아니하니라 11 샘이 한 구멍으로 어찌 단 물과 쓴 물을 내겠느냐 12 내 형제들아 어찌 무화과나무가 감람 열매를, 포도나무가 무화과를 맺겠느냐 이와 같이 짠 물이 단 물을 내지 못하느니라 약 3:8-12

2 네 입의 말로 네가 얽혔으며 네 입의 말로 인하여 잡히게 되었느니라 잠 6:2

23 입과 혀를 지키는 자는 자기의 영혼을 환난에서 보전하느니라 잠 21:23

20 **사람은 입에서 나오는 열매로 말미암아 배부르게 되나니** 곧 그의 입술에서 나는 것으로 말미암아 만족하게 되느니라 21 죽고 사는 것이 혀의 힘에 달렸나니 혀를 쓰기 좋아하는 자는 혀의 열매를 먹으리라 잠 18:20-21

입술에서 나오는 말이 우리의 삶과 미래를 결정한다. 우리의 입술에 우리의 건강이 달려 있다. 입술에서 나온 말이 마음에 다시 심겨진 대로 열매를 거두게 된다. 그러므로 지금 내가 하고 있는 말이 현실에 기초한 것인가 아니면 하나님의 약속에 기초한 것인가를 점검해 보라.

당신은 불신자인가 아니면 하나님의 자녀인가? 불신자의 미래는 그의 손(일) 또는 행위에 달려 있다. 그러나 하나님 자녀의 미래는 그의 입(말) 또는 선포에 달려 있다. 물론 이 말은 우리가 베짱이처럼 손으로 일하지 않고도 편하게 먹고 살 수 있다는 뜻은 아니다. 우리는 하나님께서 이미 이루신 것을 이 땅에 나타내기 위해서 열심히 일해야 한다. 그러나 일보다 말이 우선이다. 우리는 먼저 하나님께서 친히 일하시도록 우리의 입을 열어 주의 말씀을 선포해야 하는 것이다.

우리가 고백하면
하나님이 이루신다

하나님의 말씀을 입술로 고백(선포)하는 것은 이 세상에서 승리하는 삶을 살기 위한 가장 중요한 비밀 중 하나이다. 그런데 우리는 흔히 시인하고 고백하는 것의 의미를 자신의 상황, 사건, 일 등과 관련하여 이미 이루어진 것에 국한시킨다. 또한 고백이라는 단어를 들으면 다음과 같은 특정 말씀을 떠올리곤 한다.

> 9 만일 우리가 우리 죄를 **자백하면**(헬: 호모로게오, homologeo) 그는 미쁘시고 의로우사 우리 죄를 사하시며 우리를 모든 불의에서 깨끗하게 하실 것이요
> 요일 1:9

대부분의 경우, 고백한다는 말은 첫째, 부정적인 의미로 받아들여

진다. 예를 들어 어떤 선행을 고백한다고 말하기보다는 죄 지은 것을 고백한다고 말하는 것이다. 둘째, 고백한다는 말은 종종 당사자가 일종의 죄책감을 가지고 말하는 것으로 이해된다.

그러나 하나님나라 삶의 관점에서 볼 때 '시인' 또는 '고백'이라는 말에는 놀라운 비밀이 담겨 있다. 그 비밀은 첫째로, 시인과 고백의 본질이 주님의 말씀과 동일하게 말하는 데 있는 것이다. 둘째로, 그것은 아직 실제로 이루어지지 않은 주의 말씀을 우리의 입술로 선포하여 이루어지게 하는 것이다. 로마서 10장 10절의 말씀으로 보다 구체적으로 알아보자.

10 사람이 마음으로 믿어 의에 이르고 입으로 시인하여 구원에 이르느니라
롬 10:10

"마음으로 믿어 의에 이르고":
1. 단지 그 말씀이 진리라고 믿는 것이 아니다.

말씀 자체이신 하나님 아버지는 우리에게 친히 말씀하신다는 것을 알아야 한다. 비록 그 말씀이 진리(올바른 것)라 할지라도 하나님과 관계없는(하나님의 생명이 부재한) 말씀은 아무런 의미가 없다. 하나님의 말씀을 들을 때 당신은 어떻게 듣고 있는가? 이 자리에 계신 하나님 아버지께서 친히 당신에게 하시는 말씀으로 받아들이고 있는가?

17 그러므로 믿음은 들음에서 나며 들음은 그리스도의 말씀으로 말미암았느니라 롬 10:17

믿음은 단지 기록된 성경의 말씀을 받아들이는 것이 아니라, 지금도 살아 역사하시는 하나님께서 기록된 말씀대로 우리에게 말씀하시는 것을 받아들이는 것이다. 진리의 말씀은 지성으로 이해되는 것이 아니라 관계를 통해서 체험되는 것이다.

2. 아버지께서 그 말씀대로 행하신다는 것을 믿는 것이다.

"자백하면"으로 번역되는 헬라어 '호모로게오'(homologeo)는 '호모'(homo: 동일한)와 '로게오'(logeo: 말하다)의 합성어다. 그러므로 자백(시인)하는 것은 동일한 것을 말하는 것이다. 즉, 하나님께서 친히 말씀하신 것을 동일하게 말해야 한다는 것이다. 주님의 말씀에는 이미 이루어진 것보다 아직 내 삶에서 이루어지지 않은 약속의 말씀이 훨씬 많다. '자백(시인)'은 그 약속의 말씀을 동일하게 따라서 말하는 것이다. 내 입술을 통해서 그 말씀이 선포될 때, 하나님께서 친히 그분의 말씀(약속)을 이루시기 때문이다.

예수님은 믿는 도리의 사도이시며 우리의 대제사장이시다. "믿는 도리의"라는 표현의 본래적인 의미가 바로 고백(헬: 호모로기아, homologia)이다. 예수 그리스도는 우리가 고백하는 신앙의 사도(표준새번역, 현대인의 성경)요 대제사장이시다.

1 그러므로 함께 하늘의 부르심을 받은 거룩한 형제들아 우리가 **믿는 도리의** 사도이시며 대제사장이신 예수(High Priest of our confession, 'even' Jesus, ASV)를 깊이 생각하라 히 3:1

14 그러므로 우리에게 큰 대제사장이 계시니 승천하신 이 곧 하나님의 아들 예수시라 우리가 **믿는 도리**(호모로기아, confession, 고백)를 굳게 잡을지어다(let us hold firmly to the faith we profess, NIV) 히 4:14

우리는 하나님의 종이 아니라 그분의 자녀다. 하나님께서는 우리 안에 오셔서 우리를 통해 주의 일을 이루기 원하신다. 그 일을 위해서 하나님은 우리에게 우리 자신의 인간적인 믿음을 초월하는 하나님의 믿음을 주시고, 그분의 말씀이 마음에 믿어지게 하시며, 이제 우리가 그 말씀을 우리의 입술을 통하여 담대히 선포하기 원하신다. 그것이 바로 예수께서 우리에게 가르쳐 주시고자 했던 자녀 삶의 놀라운 비밀이다.

말을 심음으로
거두라

우리는 흔히 믿음이 중요하다고 말한다. 그러나 주의 말씀을 마음으로 믿어 의에 이르지만, 실제로 그 의를 누리는 것(즉, 말씀이 실제로 이루어지는 것)은 입술의 고백을 통해서 이루어진다. 하나님의 말씀(주의 뜻)을 이루는 삶은 말씀에 대한 마음의 믿음만이 아니라, 하나님께서 말씀하신 것과 동일하게 말하는 입술의 선포에 기반을 둔다. 믿는 것과 말하는 것은 결코 분리될 수 없는 하나다. 마음으로 믿은 것과 입술로 말하는 것이 일치할 때 비로소 하나님의 역사가 시작된다. 우리는 믿지 않는 것을 말할 수 있지만, 순간 우리 마음은 그 말이 거짓이라는 것을 잘 안다. 그럴 경우 우리의 말에는 아무런 능력도 나타나지 않게 된다.

27 예수의 소문을 듣고 무리 가운데 끼어 뒤로 와서 그의 옷에 손을 대니 **28** 이는 내가 그의 옷에만 손을 대어도 구원을 받으리라 **생각함일러라**(for she said, ASV) 막 5:27-28

21 이는 제 마음에 그 겉옷만 만져도 구원을 받겠다 **함이라**(for she said within herself, ASV) 마 9:21

여기서 우리는 혈루증을 앓던 여인이 믿음대로 말했다는 사실을 알 수 있다. 우리는 주의 말씀을 말해야 한다. 우리의 입은 단지 음식을 먹기 위해서나 자신의 생각을 말하기 위해서 존재하는 것이 아니다. 하나님의 입으로부터 나온 생명의 말씀을 마음으로 믿어 의에 이르고, 그 말씀이 우리의 입술을 통해서 밖으로 나오도록 해야 한다. 바로 그것이 시인하고 고백한다는 말의 뜻이다. 우리의 입은 먹고 마시는 것보다 주의 말씀을 고백하는 데 더 많이 사용해야 한다.

우리가 매일 육의 양식을 먹는 이유는 무엇인가? 체중을 늘리려고 먹는 것이 아니다. 에너지를 얻어 열심히 일하려고 먹는다. 마찬가지로 우리가 매일 영의 양식인 하나님의 말씀을 먹는 이유는 무엇인가? 성경 지식을 머리에 더 채우기 위해서가 아니라 삶 속에서 주의 뜻을 이루기 위해서다. 주의 뜻은 의인의 믿음을 가지고 주의 말씀을 선포할 때 이루어진다.

4 예수께서 대답하여 이르시되 기록되었으되 사람이 떡으로만 살 것이 아니요 하나님의 입으로부터 나오는 모든 말씀으로 살 것이라 하였느니라 하시니

마 4:4

과거 불신자로 살았을 때는, 우리 삶의 주인이 우리 자신이었다. 따라서 우리가 말하는 것에 대해서 우리가 책임져야 했다. 그러나 우리가 하나님나라에서 하나님의 자녀가 된 이후에는 우리 삶의 주인이 더 이상 우리가 아니라 우리 안에 계신 예수 그리스도이시다. 따라서 우리가 하나님나라에서 진리의 말씀을 선포하고 나면, 그것은 우리가 책임져야 할 일이 아니라 우리 안에 계신 예수님이 책임지실 일이다. 하나님께서는 자녀 된 우리 입술의 선포를 통해 역사하시기 때문이다. 우리가 말하는 것은 우리 자신의 생각과 감정이

아니라, 하나님께서 약속하신 말씀이다. 따라서 우리가 믿음으로 진리의 말씀을 선포하는 것은 우리가 그 말씀에 대해 스스로 책임을 떠맡는 것이 아니다. 우리는 하나님께서 그분의 말씀대로 친히 역사하시도록 문을 열어 드릴 뿐이다. 우리가 예수 그리스도 안에 있을 때, 우리가 말하는 대로 하나님의 역사가 시작된다. 이때 중요한 것은 우리의 믿음과 말과 행동이 일치되는 것이다. 진정한 믿음을 가진다는 것은 결국 하나님의 말씀을 믿은 대로 말하고 행동하는 것을 의미한다.

하나님께서 우리를 그분의 자녀로 부르신 이유는 우리로 하여금 인간의 믿음만을 가지고 현실의 한계 내에서 사는 대신 하나님의 믿음을 가지고 이 땅에 그분의 뜻을 이루도록 하기 위해서다. 이 모든 일을 가능하게 하기 위해서 예수님이 그분의 영이신 성령으로 우리 안에 오신 것이다. 위대하신 하나님은 우리 영 안에만 거하시는 것을 원치 않으신다. 하나님은 우리의 입술에서 나오는 믿음의 선포를 통하여 친히 그분의 일을 행하심으로써 그분의 놀라운 영광을 이 땅에 나타내기 원하신다. 그런데도 우리가 세상 앞에서 주의 말씀을 선포하지 않는 것을 미덕으로 여기는 것이 가당한 일인가? 우리는 우리의 입술을 통해서 주의 말씀이 선포되지 않는 모든 상황과 순간을 부끄럽게 여겨야 한다. 다시 한 번 다음의 글을 생각해 보라.

1. 세상의 말을 하면 우리 마음에 사탄의 씨앗을 심게 된다. 그러

나 하나님의 말씀을 하면 우리 마음에 하나님의 씨앗을 심게 된다. 심는 대로 거둔다. 어떻게 심지 않고 거두려고 하는가? 하나님의 말씀을 선포할 때 우리는 하나님나라에(하나님의 마음에 일치된 우리 마음에) 심고 이 땅에서 거두게 된다.

2. 세상의 말은 단지 보고 듣는 대로 말하는 것이다. 우리는 주님께서 이미 이루시고 우리에게 주신 약속의 말씀을 그대로 믿고 현재적으로 말해야 한다. 지금 당장 우리 눈에 보이지 않고 나타나지 않는다고 해서, 하나님의 말씀을 미래적으로(장차 이루어질 일들에 대한 것으로) 받아들여서는 안 된다.

3. 모든 일이 잘될 때는 우리가 주의 말씀을 선포하는 것이 조금도 어렵지 않다. 하지만 인생이 괴롭고 힘들며 문제와 시험이 찾아올 때면, 우리는 쉽게 낙담하고 잠잠히 있게 된다. 그러나 결코 그래서는 안 된다. 누가 입을 닫고 잠잠히 있으라고 했는가? 환경과 상황이 어려울 때야말로 더욱 주의 말씀을 외쳐야 할 때이고, 하나님 역사의 새로운 체험을 간증해야 할 때다.

4. 우리가 지속적으로 믿음의 선포를 하는 것은 이미 완성된 그리스도 사역의 토대 위에서 친히 그분의 일을 이 땅에서 이루시도록 문을 열어 드림으로써 주의 일에 동참하는 것이고, 주의 승리를 널리 알리는 지상 최고의 영광스러운 일이다.

문제를 향하여
선포하라

믿음에는 죽은 믿음과 살아 있는 믿음이 있다. 아무리 당신이 마음속으로 굳게 믿는다고 해도 그것이 당신의 입술을 통해서 고백되지 않는다면, 그 믿음은 아직 비활성화된(inactivated) 믿음에 불과하다. 기적을 경험하기를 원한다면, 하나님이 주시는 약속의 말씀을 첫째, 당신의 마음으로 믿고 입술을 통해서 선포해야 한다. 둘째, 문제에 대해서(관해서)가 아니라 문제를 향해 선포해야 한다. 그리고 셋째, 하나님의 뜻이 이미 하늘에서 이루어진 것을 믿고 이 땅의 현실에 선포해야 한다.

10 사람이 마음으로 믿어 의에 이르고 입으로 시인하여 구원에 이르느니라 롬 10:10

23 내가 진실로 너희에게 이르노니 누구든지 이 산더러(문제를 향하여) 들리어 바다에 던져지라 하며 그 말하는 것이(입 밖으로 나가는 선포대로) 이루어질 줄 믿고 마음에 의심하지 아니하면 (이미 하늘에서 이루어진 것이 하나님의 능력에 의해 실체화됨으로) 그대로 되리라 막 11:23

중요한 것은 하나님께 구하는 것이 아니라, 그리스도 안에서 문제를 향하여 주의 뜻을 선포함으로 이뤄야 한다는 사실이다. "주님!

이런 어려움을 겪고 있으니 제발 도와주세요" 하는 기도는 문제에 대해서 기도하는 것이다. 반면에 소리 내어 "예수 그리스도의 이름으로 이 어려운 문제들이 해결되었음을 선포하노라"는 문제를 향하여 기도하는 것이다. 이때 주의할 것은 소리 내어 선포해야 한다는 것이다. 분명히 말씀은 그 자체로서 진리이지만, 선포되기 전까지는 역사하지 않는다. 하나님의 역사는 마음으로 받아들임으로써 준비되고, 입술의 선포로 시작되며, 의심하지 않는 믿음의 인내와 행동하는 믿음의 순종을 통해서 이루어진다.

그리스도인은 철저히 예언적이며 선포적인 삶을 살아야 한다. 왜냐하면 우리 안에 계시는 예수님은 그분이 이루신 모든 것을 우리에게 약속의 말씀으로 주셨기 때문이다. 그분의 말씀은 하나님나라의 영적 세계에서 이미 이루어졌으나, 이 땅에서는 아직 이루어지지 않은 것이다. 따라서 세상적인 관점으로 볼 때 약속의 말씀은 바라는 것들, 보이지 않는 것들, 불가능한 것들에 대한 것이지만, 하나님께서는 우리가 믿음으로 이 말씀을 선포함으로써 약속된 모든 것이 실체로 나타나기를 원하신다. 이를 위해서 우리 마음에 성령님을 통한 하나님의 감동이 주어질 때, 우리는 문제에 대해서가 아니라 문제를 향해서, 그리고 내면의 독백이 아닌 입술의 고백으로 하늘에서 이미 이루어진 것을 이 땅에 이루는 주의 말씀을 선포해야 하는 것이다 (이 부분에 대한 보다 구체적인 내용은 《왕의 기도》(규장)를 참고하라).

5 의인은 행동하는 믿음을 가져야 한다

믿음과 행동의 관계는?

하나님나라의 관점을 가지지 못한 자는 로마서에 나오는 '믿음과 의'의 진리와 야고보서가 보여 주는 '믿음과 행동'에 대한 강조가 서로 상치되는 것처럼 보여서 혼란에 빠질 수 있다. 실제로 마틴 루터가 '믿음과 의'에 대해 잘 설명한 로마서와 갈라디아서를 가장 귀한 서신으로, 반면에 행함의 중요성을 부각한 야고보서를 '지푸라기 서신'으로 평가한 이유도 바로 여기에 있다. 우리가 성경을 인간적인 관점에서 보면 그 속에는 서로 상치되고 논리적으로 이해되지 않는 것들이 많지만, 하나님나라의 관점(킹덤 멘털리티)으로 바라보면 하나님의 모든 말씀이 한 가지 궁극적인 목적(즉, 하나님나라 복음의 진리)을 향하여 얼마나 온전하고 아름답게 조화되어 있는지 알게 된다.

이를 이해하기 위해서는 먼저 '이 땅'과 '하나님나라'라는 두 차원의 관계성을 올바로 이해해야 한다. 예수님이 우리에게 가르쳐 주신 기도를 생각해 보라. 그 속에는 놀라운 비밀이 숨겨져 있다.

> **10** 나라가 임하시오며 뜻이 하늘에서 이루어진 것같이 땅에서도 이루어지이다 마 6:10

예수님은 이 기도를 그분의 지상사역 동안 제자들에게 가르쳐 주셨다. 동일한 기도를 예수님이 죽으시고 부활 승천하신 후 하나님 우편에 앉아 계시며 우리 가운데 성령으로 역사하시는 천상사역의 관점에서 다시 보라. 그러면 그분이 가르쳐 주신 기도는 '이제 이 땅에 하나님나라가 임했기 때문에 하늘에서 이미 이루어진 것이 땅에서도 이루어지도록 하라'는 의미로 재해석된다. 하늘에서 이미 이루어졌다는 것은 무엇을 의미하는가? 바로 하나님나라인 영의 세계에서 그분이 약속하신 모든 말씀이 온전히 이루어졌다는 것이다.

2천여 년 전 십자가에 달리신 예수께서 운명하시기 직전에 하신 말씀은 요한복음 19장 30절의 "다 이루었다"(It is finished or accomplished)이다. 예수님은 인간의 모든 죄악과 저주를 대신 짊어지고 죽으심으로 약속하신 모든 새 언약이 성취되었음을 선포하신 것이다. 이처럼 영의 세계에서 이미 이루어진 것을 이 땅에 나타나는 실체로 바꾸기 위해서는 단순히 마음으로 받아들이는 믿음이 아니라 행동으로 순종하는 믿음이 요청된다. 영적 세계의 일이 시작되기 위해서는 마음의 믿음이 필요하지만, 현실 세계에서 실체를 경험하기 위해서는 행동하는 믿음이 필요하다. 행동을 통하여 믿음의 증거가 나타나게 되는 것이다. 이것은 이루어 주실 것을 기대하며 기다리는 믿음이 아니라, 하나님나라(영적 세계)에서 이미 이루어진 말씀을 이 땅(현실 세계)에 실체로 나타나도록 하기 위해서 행동하는 믿음이다.

공생애 사역 동안 하나님나라가 이미 임했음을 보여 주시면서 예수님이 가장 강조하신 것이 무엇이었는지를 생각해 보라. 그것은 다름 아닌 믿음이었다. 그러나 믿음이 온전히 완성되기 위해서(다른 말로 그 믿음의 실체를 이 땅에서 볼 수 있기 위해서) 그분이 요구하신 것이 있다. 바로 믿음에 따른 행동이었다. 예수님은 사람들이 그분 앞에 믿음을 가지고 나아왔을 때, 반드시 그 믿음의 실제성을 증거할 수 있는 행동을 요구하셨다. 다음의 경우들을 살펴보라.

- 안식일 날 회당에서 손 마른 자에게

3 그들의 마음이 완악함을 탄식하사 노하심으로 그들을 둘러보시고 그 사람에게 이르시되 **네 손을 내밀라 하시니** 내밀매 그 손이 회복되었더라 막 3:5

- 베데스다 못에 있던 삼십팔 년 된 병자에게

8 예수께서 이르시되 **일어나 네 자리를 들고 걸어가라 하시니** 요 5:8

- 날 때부터 소경인 자에게

7 이르시되 **실로암 못에 가서 씻으라 하시니** (실로암은 번역하면 보냄을 받았다는 뜻이라) 이에 가서 씻고 밝은 눈으로 왔더라 요 9:7

- 회당장 야이로의 딸에게

35 아직 예수께서 말씀하실 때에 회당장의 집에서 사람들이 와서 회당장에게 이르되 당신의 딸이 죽었나이다 어찌하여 선생을 더 괴롭게 하나이까 **36** 예수께서 그 하는 말을 곁에서 들으시고 회당장에게 이르시되 두려워하지 말고 믿기만 하라 하시고 … **40** 그들이 비웃더라 예수께서 그들을 다 내보내신 후에 아이의 부모와 또 자기와 함께한 자들을 데리시고 아이 있는 곳에 들어가사 **41** 그 아이의 손을 잡고 이르시되 달리다굼 하시니 번역하면 곧 내가 네게 말하노니 **소녀야 일어나라** 하심이라 **42** 소녀가 곧 일어나서 걸으니 나이가 열두 살이라 사람들이 곧 크게 놀라고 놀라거늘 막 5:35-42

우리는 이러한 예들을 통해서 예수님이 베푸시는 기적에는 마음의 믿음과 행동의 순종이 함께 역사한다는 것을 알 수 있다. 예수께서 베푸시는 모든 기적이 바로 하나님나라의 징표라는 사실을 생각해 보라.

22 네가 보거니와 믿음이 그의 행함과 함께 일하고 행함으로 믿음이 온전하게 되었느니라 약 2:22

우리가 예수 그리스도를 믿음으로 죄사함을 받고 하나님의 자녀 된 자로서 예수 그리스도 안에서 하나님의 의가 되기 위해서 필요한 것은 무엇인가? 오직 믿음이다. 의의 기초는 율법의 행위로부터 벗어나는 믿음이며, 의의 시작은 예수님이 약속하신 것이 하나님나라에서 이미 이루어졌음을 믿는 믿음이다. 그리고 의의 완성은 뜻이 하늘에서 이룬 것같이 땅에서 이루어지도록 하는 데 있다. 결국 모든 성취는 행동하는 믿음에 달려 있는 것이다.

이제 로마서와 야고보서의 비교를 통해서 서로 다른 강조점을 가지고 쓰인 두 서신이 얼마나 아름답게 조화를 이루며 하나님의 뜻을 온전히 나타내는지를 알아보고자 한다. 실제로 로마서와 야고보서는 서로 상치되는 것이 아니라 상호보완적이어서 의인의 삶에 대한 이해를 완성시키고 있다. 왜냐하면 로마서는 율법의 행위에서 벗어나는 칭의의 믿음이 무엇인가를 설명하고 있는 반면, 야고보서는 의인이 하나님나라에서 주의 뜻을 이루기 위해서 가져야 하는 성화의 믿음이 무엇인지를 보여 주고 있기 때문이다.

로마서와 갈라디아서를 통해 본 '하나님의 의'

28 그러므로 사람이 의롭다 하심을 얻는 것은 율법의 행위에 있지 않고 믿음으로 되는 줄 우리가 인정하노라 롬 3:28

10 무릇 율법 행위에 속한 자들은 저주 아래에 있나니 기록된 바 누구든지 율법 책에 기록된 대로 모든 일을 항상 행하지 아니하는 자는 저주 아래에 있는 자라 하였음이라 갈 3:10

1 그런즉 육신으로 우리 조상인 아브라함이 무엇을 얻었다 하리요 **2 만일 아브라함이 행위로써 의롭다 하심을 받았으면 자랑할 것이 있으려니와 하나님 앞에서는 없느니라 3 성경이 무엇을 말하느냐 아브라함이 하나님을 믿으매** 그것이 그에게 의로 여겨진 바 되었느니라 롬 4:1-3

13 아브라함이나 그 후손에게 세상의 상속자가 되리라고 하신 언약은 율법으로 말미암은 것이 아니요 오직 **믿음의 의**로 말미암은 것이니라 롬 4:13

하나님의 상속자인 우리는 아브라함의 믿음을 가져야 한다. 사도 바울이 말하는 아브라함의 믿음이란 무엇인가? 그것은 바로 우리로 하여금 하나님의 의가 되게 하는 믿음이다. 그래서 하나님의 의를 믿음의 의라고도 부른다. 아브라함에게서 그 원형을 발견할 수 있는 믿음의 의란 하나님의 법에 대한 그의 순종이 아니라 믿음으로부터 오는 하나님과의 올바른 관계에 기초한 것(based not on his obedience to God's law, but on a right relationship with God that comes by faith)이다.

믿음은 우리의 마음이 세상에 묶이지 않고 하나님의 뜻(그분의 말씀)에 일치되게 하는 것이며, 그것이 바로 의라는 단어가 뜻하는 상태다. 우리가 하나님과 그분의 말씀에 대한 진정한 믿음(관계성)을 가질 때, 하나님께서는 그것을 우리의 의로 여기신다. 즉, 세상의 현실이나 상황에 기초한 우리의 육신적인 생각, 감정, 의지를 따르지 않고, 진리와 생명인 하나님 말씀에 우리의 생각, 감정, 의지를 맞출 때, 그것이 우리에게 의로 여겨진다는 뜻이다.

아브라함을 통하여 믿음과 의의 관계를 살펴보자.

17 기록된 바 내가 너를 많은 민족의 조상으로 세웠다 하심과 같으니 그가 믿은 바 하나님은 죽은 자를 살리시며 없는 것을 있는 것으로 부르시는 이시니라 롬 4:17

아브라함은 많은 민족의 조상이 되기를 원한 적이 없다. 다만 하나님께서 그에게 그와 같은 약속을 주셨다. 자신의 현실에 기초해서 아브라함이 "하나님, 제가 이렇게 되었으면 좋겠습니다"라는 기대와 소망을 표명했던 것이 아니다. 인간이 볼 때는 절대로 불가능한 일이지만, 하나님께서 친히 "내가 너를 많은 민족의 조상으로 세웠다"라고 아브라함에게 말씀하셨던 것이다. 그런데 아브라함은 약속의 하나님을 생명을 주시는 절대 주권의 창조주로 믿었다.

18 아브라함이 바랄 수 없는 중에 **바라고 믿었으니** 이는 네 후손이 이 같으리라 하신 말씀대로 많은 민족의 조상이 되게 하려 하심이라 **19** 그가 백 세나 되어 자기 몸이 죽은 것 같고 사라의 태가 죽은 것 같음을 **알고도 믿음이 약하여지지 아니하고 20** 믿음이 없어 하나님의 약속을 의심하지 않고 믿음으로 견고하여져서 하나님께 영광을 돌리며 롬 4:18-20

이 말씀에 의하면 아브라함은 불가능한 일을 막연한 소망 가운데 계속 기대했던 것이 아니다. 처음에는 그가 마음속으로 기대했지만 (바랐지만) 나중에는 믿었다는 것이 중요하다. 자신의 생각으로 기대하는 바람과 성경이 말하는 믿음은 확연히 다르다. 바라는 것의 출발점은 세상에 기초를 둔(현실에 묶인) 마음이다. 눈앞에 보이는 현실에서부터 출발해서 마음으로 '이렇게 되었으면 좋겠다'라고 생각하는 것이 바람 또는 기대이기 때문이다. 그러나 아브라함이 모범적으로 보여 준 믿음의 출발점은 세상이 아닌 하나님의 말씀에 기초를 둔 마음이다. 그는 자신이나 사라의 부정적인 현실을 직시하면서도 믿음이 약해진 것이 아니라 오히려 약속하신 대로 친히 이루실 하나님의 신실하심을 인정함으로써 그분께 영광을 돌렸던 것이다. 현실 앞에서도 믿음이 약해지지 않았다는 것은 현실을 바라보는 마음(인식)과 말씀에 대한 믿음이 본질적으로 상이한 것임을 잘 보여 준다. 믿음은 하나님에 의해서 주어지는 것이다.

> **21** 약속하신 그것을 또한 능히 이루실 줄을 확신하였으니 **22** 그러므로 그것이 그에게 의로 여겨졌느니라(And because of Abraham's faith, God counted him as righteous, NLT) 롬 4:21-22

아브라함은 하나님께서 죽은 자를 살리시는 분(생명의 수여자)이며, 없는 것을 있는 것으로 부르시는 분(무에서 유를 창조하시는 분)이심을 믿었다. 바로 그 믿음 때문에 하나님은 아브라함을 많은 민족의 조상으로 세우셨던 것이다. 아브라함은 바랄 수 없는 중에 바라고 믿었다. 자신을 바라보거나 주위를 둘러볼 때 불가능한 일이었지만 믿음이 약해지지 않고 오히려 강해졌기에, 하나님께 영광을 올려 드릴 수 있었다. 이와 같은 아브라함의 믿음은 '내가 하나님께서 그렇게 하실 것을 믿는 것'이 아니라, '하나님께서 그렇게 하실 것이 믿어지는 것'이다. 세상에 묶인 나 자신의 마음으로 하나님의 약속을 받아들이는 것이 아니라, 진리의 말씀에 묶인 새로운 마음으로 그 약속을 믿는다는 뜻이다. 하나님의 말씀에 대해서 아브라함과 같은 믿음을 가진 자는 이방인일지라도 동일한 의롭다 함을 얻게 되고, 아브라함과 함께 약속된 복을 누리게 되는 것이다.

> 6 아브라함이 하나님을 믿으매 그것을 그에게 의로 정하셨다 함과 같으니라 7 그런즉 믿음으로 말미암은 자들은 아브라함의 자손인 줄 알지어다 8 또 하나님이 이방을 믿음으로 말미암아 의로 정하실 것을 성경이 미리 알고 먼저 아브라함에게 복음을 전하되 모든 이방인이 너로 말미암아 복을 받으리라 하였느니라 9 그러므로 믿음으로 말미암은 자는 믿음이 있는 아브라함과 함께 복을 받느니라 갈 3:6-9

야고보서를 통해 본 '하나님의 의'

> 20 아아 허탄한 사람아 행함이 없는 믿음이 헛것인 줄을 알고자 하느냐 21 **우리 조상 아브라함이 그 아들 이삭을 제단에 바칠 때에 행함으로 의롭다 하심을 받은 것이 아니냐** 22 **네가 보거니와 믿음이 그의 행함과 함께 일하고 행함으로 믿음이 온전하게 되었느니라** 23 이에 성경에 이른바 아브라함이 하나님을 믿으니 이것을 의로 여기셨다는 말씀이 이루어졌고 그는 하나님의 벗이라 칭함을 받았나니 24 **이로 보건대 사람이 행함으로 의롭다 하심을 받고 믿**

음으로만은 아니니라 **25** 또 이와 같이 기생 라합이 사자들을 접대하여 다른 길로 나가게 할 때에 행함으로 의롭다 하심을 받은 것이 아니냐 **26** 영혼 없는 몸이 죽은 것같이 행함이 없는 믿음은 죽은 것이니라 약 2:20–26

표면적으로 볼 때 야고보서의 말씀은 분명히 로마서의 말씀과 상치된다. 로마서가 아브라함의 믿음 자체를 의의 근거로 강조하는 것과는 달리, 야고보서는 아브라함이 행동하는 믿음을 가졌을 때 하나님께서 의로 여기셨다고 말하고 있기 때문이다. 그러나 아브라함이 이삭을 제단에 바치는 행동의 의미가 무엇인지를 생각해 보라. 그것은 율법의 행위인가 아니면 주의 뜻을 이루는 것인가?

첫째, 로마서가 율법주의자의 관점에서 복음에 접근한 것이라면, 야고보서는 하나님 자녀의 관점에서 복음을 바라본 것이다. 바리새파 엘리트였던 사도 바울은 과거 자신의 관점에서 복음에 대해 이야기한다. 반면에 야고보는 주님을 알고 하나님의 자녀가 되어 하나님 나라의 삶을 살아가는 관점에서 복음을 설명하고 있다.

둘째, 로마서가 하나님나라로 들어가는 관점으로 쓰여졌다면, 야고보서는 하나님나라에 들어간 자가 그 나라를 이 땅에 이루는 관점으로 기록되었다.

셋째, 로마서의 관점이 '이미 하나님의 뜻이 하늘에서 이루어진 것을 믿으라'는 것이라면, 야고보서의 관점은 '그 약속이 이 땅에 이루어지게 하라'는 것이다.

넷째, 로마서는 율법주의자들에게 율법의 행위(자기 의)로부터 벗어나야 할 필요성을 강조하는 반면, 야고보서는 믿음을 주장하면서도 그에 따른 어떤 열매도 보여 주지 않는 '은혜 지상주의자'들에게 행동하는 믿음의 중요성을 부각시키고 있다.

결국 야고보서의 주제인 행함이 있는 믿음이란 이 땅에 도래한 하나님나라 안으로 침노한 하나님의 자녀가 주의 뜻을 이루기 위해서 필요한 것은 단지 믿기만 하는 것이 아니라, 그 믿음에 따라 실제적으로 행동하는 것이라는 진리를 강조하고 있다. 그리고 이 진리는 예수 그리스도의 은혜로 하나님의 자녀가 되는 데 있어서 율법의 행위가 아니라 오직 믿음이 전제 조건이라는 로마서의 진리와 결코 상치되지 않는다. 오히려 행동하는 믿음에 대한 강조는 도래한 하나님나라에서 주의 뜻을 이루는 삶을 사는 대신 하나님나라 밖에 머물면서 세상이 제공하는 무언가를 주로부터 얻어 내기 위해서 행위 보상적인 신앙생활을 하는 오늘날의 많은 그리스도인에게 각성과 회개의 경종을 울리고 있다.

우리가 구원을 얻기 위해서, 영으로 거듭나기 위해서, 의인되기 위해서 필요한 것은 오직 믿음이다. 믿기만 하면 이 모든 일이 우리에게 이루어진다. 그러나 이제 하나님나라에서 주의 뜻을 이루는 의인의 삶을 살기 위해서는 그냥 믿음이 아니라 행동하는 믿음이 필요하다. 하나님나라에서 이미 이루어진 주의 뜻은 우리가 믿음으로 말하고 행동할 때 비로소 이 땅에 나타나고 이루어지게 되기 때문이다. 그러므로 하나님께서 예수 그리스도를 통하여 우리에게 이루시고자 하는 삶의 핵심은 나라와 의와 믿음과 행동이다. 하나님나라의 삶에서 행함이 결여된 믿음은 죽은 믿음이다. 행동하지 않는 믿음은 주의 뜻을 이루지 못한다.

> **22** 너희는 말씀을 행하는 자가 되고 듣기만 하여 자신을 속이는 자가 되지 말라 **23** 누구든지 말씀을 듣고 행하지 아니하면 그는 거울로 자기의 생긴 얼굴을 보는 사람과 같아서 **24** 제 자신을 보고 가서 그 모습이 어떠했는지를 곧 잊어버리거니와 **25** **자유롭게 하는 온전한 율법**(새 언약, 저자 주)**을** 들여다보고 있는 자는 듣고 잊어버리는 자가 아니요 **실천하는 자니 이 사람은 그 행하는 일에 복을 받으리라** 약 1:22-25

구약의 율법은 자기의 의(세상에 묶인 마음)로 지켜 행해야 하지만, 우리를 자유하게 하는 새 언약의 온전한 법은 예수 그리스도로 말미암아 이미 이루어진 약속의 말씀이다. 다른 말로, 예수 그리스도께서 십자가에서 죽으시고 부활 승천하심으로 이미 하나님나라에서 이루어진 모든 것은 우리가 그것을 믿을 뿐 아니라 믿는 대로 행동할 때 그 약속된 실체가 나타난다는 것이다. 말씀을 듣고 믿음으로 실천하는 자가 복된 이유는 그가 행하는 일에 하나님께서 친히 역사하시기 때문이다.

29 너희가 그가 의로우신 줄을 알면 의를 행하는 자마다 그에게서 난 줄을 알리라 요일 2:29

이제 마음을 새롭게 해보자. 이 시간 당신은 하나님나라(그분의 통치) 안에 있는가? 아니면 여전히 이 세상에 속해 있는가? 그것을 어떻게 알 수 있는가? 지금 전심으로 성령님을 초청하고 주의 말씀으로 주님을 높이며 찬양하고 경배하라. 그렇게 할 때 하나님의 영광이 당신 안에 마치 안개처럼 임하시는 것을 경험하게 될 것이다. 당신의 문제가 무엇이든, 당신의 마음이 현실에 묶이지 않게 하라. 대신 그 현실에 대해서 주께서 무엇이라고 말씀하시는지에 초점을 맞추라. 다른 말로, 현실에 묶인 당신의 마음만으로 뭔가를 기대하거나 소망하지 말고, 주의 말씀을 통해서 이미 이루어진 것을 믿으라는 것이다(막 11:24). 성령 안에서 말씀에 따라 이미 이루어진 것을 상상하는 것이 예수 그리스도 안에 있는 믿음이며, 바로 이 믿음이 이루어질 실상과 나타날 증거가 된다(히 11:1). 그 실상과 증거가 기쁨과 감사함으로 당신에게 임했다면 믿음으로 선포하라(롬 10:10). 그리고 당신이 가진 실상과 증거대로 행동하라(요일 2:29). 행함이 따르지 않는 믿음은 죽은 믿음일 뿐이다.

6 의인으로서 새로운 삶을 살라

우리의 신앙생활에서 가장 해결하기 힘들고 어려운 문제는 우리가 예수 그리스도를 믿는 순간부터 새로운 피조물임을 믿고 선포함에도 불구하고 현실의 삶에서는 여전히 죄의 몸이 살아서 죄의 종 노릇을 하고 있다는 사실이다. 이 문제를 올바로 이해하고 해결하지 못한다면 늘 혼돈 가운데 방황할 수밖에 없고, 결코 하나님 자녀의 온전한 삶을 살 수가 없다. 그러나 이러한 갈등은 우리만의 문제는 아니다. 우리는 로마서 7장의 말씀을 통해서 사도 바울 역시 동일한 고뇌를 경험했음을 알 수 있다.

구원을
확증하라

우리가 구원을 얻었다는 것은 단지 죄사함을 받았다는 것이 아니라, 우리의 옛 사람이 예수 그리스도의 십자가에 함께 못 박혔다는 것이다.

> **6** 우리가 알거니와 우리의 옛 사람이 예수와 함께 십자가에 못 박힌 것은 죄의 몸이 죽어 다시는 우리가 죄에게 종 노릇 하지 아니하려 함이니 롬 6:6

이 말씀은 옛 사람(죄의 본성을 가진 옛 자아에 기초하여 살아가던 과거의 나)이 십자가에 못 박힘으로써 그 즉시 죄의 몸(죄의 영향을 받는 육체적인 삶)이 죽게 됨을 의미하는 것이 아니다. 만약 그렇다면 사도 바울이 어떻게 다음과 같이 고백할 수 있겠는가?

> **21** 그러므로 내가 한 법을 깨달았노니 곧 선을 행하기 원하는 나에게 악이 함께 있는 것이로다 **22 내 속사람으로는 하나님의 법을 즐거워하되 23 내 지체 속에서 한 다른 법이 내 마음의 법과 싸워 내 지체 속에 있는 죄의 법으로 나를 사로잡는 것을 보는도다** 롬 7:21–23

사도 바울이 말하고자 하는 바는 우리가 믿음으로 자신의 옛 사람을 예수 그리스도와 함께 십자가에 못 박을 때부터 죄의 몸이 실제적으로 죽어 가게 되고, 그 결과 우리가 점점 더 죄에게 종 노릇하지 않는 자유의 삶을 살게 된다는 것이다. 예수 그리스도께서 당신의 모든 죄를 속량하신 구원자이시며 당신 삶의 진정한 주인이라는 사실을 당신이 믿음으로 받아들일 때, 당신은 그동안 삶의 주인으로 잘못 섬기고 있던 옛 자아(옛 본성)와 함께 그에 따른 육체적인 삶(죄의 몸)을 포기하는 것이다. 이것이 바로 예수 그리스도의 십자가 죽음에 연합한다는 말의 의미다. 그 결과 그리스도의 영이신 성령께서 당신에게 임하심으로써 당신의 영은 본질적으로 변화되고, 당신 안에 계신 그리스도의 영에 의해서 인도함을 받는 만큼 죄의 몸이 죽어 가는 것이다.

> **10** 또 그리스도께서 너희 안에 계시면 몸은 죄로 말미암아 죽은 것이나 영은 의로 말미암아 살아 있는 것이니라 **11** 예수를 죽은 자 가운데서 살리신 이의 영이 너희 안에 거하시면 **그리스도 예수를 죽은 자 가운데서 살리신 이가 너희 안에 거하시는 그의 영으로 말미암아 너희 죽을 몸도 살리시리라** **12** 그러므로 형제들아 우리가 빚진 자로되 육신에게 져서 육신대로 살 것이 아니니라 **13** 너희가 육신대로 살면 반드시 죽을 것이로되 **영으로써 몸의 행실을 죽이면 살리니** 롬 8:10-13

예수 그리스도께서 이루신 모든 구속사역은 중생을 통해서 우리 안에서 온전히 이루어졌지만, 우리의 영을 제외한 다른 부분(혼과 육)

은 아직 완전한 구원을 이루지 못했다. 보다 정확히 표현하자면, 법적으로는 구원이 우리 안에 이미 이루어졌지만, 그 법의 실제적 적용은 아직 완성되지 않았으며 우리가 믿음을 통해서 계속적으로 이루어 가야 한다.

한 가지 예를 들어 보자. 부동산거래소에서 어떤 집을 구입하기 위해 돈을 주고 계약을 했다고 가정해 보자. 당신과 상대방이 서류에 도장을 찍는 순간부터 그 집은 법적으로 당신의 소유다. 당신에게 속한 집이다. 그러나 실제로 그 집에 들어가서 사는 것은 또 다른 일이다. 당신이 그 집에서 살기 위해서는 법적 근거를 넘어서 실제적인 소유권을 행사해야 하는 것이다.

그리스도인의 삶도 이와 마찬가지다. 어느 날 내가 예수 그리스도를 영접했다고 해서, 그 즉시 내 마음의 모든 상처가 사라지는 것은 아니다. 병상에서 내가 구원을 얻었다 할지라도 모든 질병이 당장 치유되는 것은 아니다.

나에게도 동일한 경험이 있다. 나는 내가 얼마나 큰 죄인인가를 절감했기에 세례를 받으면 나의 모든 생각과 감정과 더불어 육체가 완전히 새롭게 될 것을 기대했다. 그러나 믿음으로 물세례를 받는 순간 차가운 물이 내 머리 위로 떨어졌을 뿐이다. 내 마음과 육체에 아무런 변화도 일어나지 않았다. 그 때문에 나는 말할 수 없이 실망했다. 왜 그런가? 구원이 무엇인지 몰랐기 때문이다. 비록 내 육신은 아무런 변화를 느끼지 못했지만, 나는 그때 예수 그리스도 안에서 새로운 피조물이 된 것이다. 육체적인 상태가 변한 것은 아니지만, 우리가 볼 수 없고 느낄 수 없고 알 수 없는 영적 본질은 바뀌었기 때문이다.

우리의 영뿐만 아니라 혼과 육까지도 법적으로는 이미 구원을 얻었지만, 현실은 그 구원을 이루어 가는 과정 중에 있다. 하나님은 우리의 영이 이미 새롭게 되었기 때문에 우리를 그리스도 안에 있는 새로운 피조물로 보신다. 우리가 우리 자신의 생각으로 그렇게 믿는 것이 아니라 하나님께서 그분의 약속대로 우리를 그렇게 보고 계시는 것이다. 신앙생활에서 더없이 중요한 것은, 우리가 스스로 우리와 세상을 바라보는 관점을 포기하고 하나님께서 그분의 자녀인 우리와 온 세상을 어떻게 보고 계신가를 깨닫는 것이다.

9 만일 너희 속에 하나님의 영이 거하시면 너희가 육신에 있지 아니하고 영에 있나니 **누구든지 그리스도의 영이 없으면 그리스도의 사람이 아니라 10** 또 그리스도께서 너희 안에 계시면 몸은 죄로 말미암아 죽은 것이나 영은 의로 말미암아 살아 있는 것이니라 롬 8:9-10

우리는 더 이상 이 땅에 속한 삶이 아니라, 이 땅에 도래한 하나님 나라의 삶을 살아야 한다. 단지 기독교 신자의 삶이 아니라 하나님 자녀의 삶을 살아야 한다. 그것은 지금 육체에 기초한 사고체계를 따르는 나의 마음으로 '내가 무엇을 어떻게 하면 될까?'라고 생각하는 것을 포기하는 것이다. 그리고 '내가 예수 그리스도 안에서 진정으로 누구인가'를 깨달음으로써 영적 본질로 돌아가는 것이다. 새로운 피조물의 삶의 핵심이 여기에 있다. 너무나 오랫동안 우리는 우리의 오감으로 감각되는 것만이 존재의 본질이며 실체라고 생각해 왔다. 그러나 중생한 자가 반드시 알아야 할 사실은 (비록 눈에 보이지 않고 이성으로 이해되지 않지만) 다시 태어난 영이 존재의 본질이라는 것이다. 비록 실재하지 않는 것처럼 여겨질지라도 본질과 실체는 영이다. 단지 그 본질과 실체가 우리의 육신으로 체험되지 못할 뿐이다.

이제 자신의 현실에서 예수 그리스도를 보지 말아야 한다. 반대로 우리는 항상 그리스도 안에서 자신의 현실을 보아야 한다. 그럴 때 주의 뜻을 이루는 삶을 살 수 있다.

날마다
영혼의 구원을
이루어 가라

이제 이미 구원받은 우리의 영과 지속적으로 새롭게 되어야 할 우리의 영혼에 대해서 좀 더 구체적으로 알아보도록 하자. 그리스도 안에서 우리가 새로운 피조물이 되었다는 것은 우리의 본질 자체가 변했다는 것이다. 이 말은 '당신의 본질(영)이 변했다'고 말하는 것이지, '당신의 마음(영혼)이 변했다'는 것이 아니다.

하나님의 영이 친히 당신 안에 임하심으로 말미암아 당신 안에 있던 옛 본성(죄성)은 사라졌고 전혀 새로운 본성이 주어졌다(주와 합한 자는 한 영이라). 그 때문에 당신의 본질이 변했다고 말하는 것이다. 그러나 당신 안에는 옛 본성의 사주를 받던 마음이 여전히 존재하고 있으며, 그것에 기초한 사고체계도 여전히 작용하고 있다.

이것을 제대로 이해하기 위해서는 지금까지 우리가 막연하게 알거나 믿고 있는 인간의 구조적 본질을 보다 명확히 정리해 볼 필요가 있다. 한글성경에서는 영 또는 영혼이라는 말이 혼용되고 있다. 그러나 헬라어 성경에는 영(spirit)을 의미하는 '프뉴마'(pneuma)와 생명 또는 목숨에 해당하는 '프쉬케'(psyche)라는 용어가 나온다. '프뉴마'는 히브리어의 '네샤마'(neshama, 생기) 혹은 '루아흐'(ruach, 영)와 동일한 의미를 지니는 것으로 영 자체를 가리킨다. 한편 '프쉬케'는 영 자체보다는 어떤 영에 의해서 영향을 받고 있는 생명과 목숨, 즉 혼을 의미한다. 예를 들어, 한글성경에는 영혼이라고 번역되어 있는 단어가 헬라어 원어에서는 영을 가리키고 있는 경우가 있다.

26 **영혼(프뉴마, pneuma, 영) 없는 몸이 죽은 것같이** 행함이 없는 믿음은 죽은 것이니라 약 2:26

한편, 구약성경에서 다양한 단어(생기, 정신, 영, 영혼 등)로 번역된 '네샤마'(neshama)와 '루아흐'(영)의 가장 깊은 의미는 영이다. 우리는 흙과 같은 존재였지만, 하나님께서 영혼이 아니라 그분 자신의 영을 불어넣음으로써 우리의 육에 생명이 임했고, 그 결과 하나님을 나타내는 영혼이 만들어지게 된 것이다.

> **7** 여호와 하나님이 땅의 흙으로 사람을 지으시고 **생기(네샤마)를** 그 코에 불어넣으시니 사람이 생령이 되니라 창 2:7

> **4** 네가 누구를 향하여 말하느냐 누구의 **정신(네샤마)이** 네게서 나왔느냐 욥 26:4

> **27** 사람의 **영혼(네샤마)은** 여호와의 등불이라 사람의 깊은 속을 살피느니라 잠 20:27

우리는 흔히 우리의 영혼이 죄사함을 받았다고 말한다. 그러나 엄밀히 말하면 법적으로는 우리의 영혼이 죄사함을 이미 받았지만, 현실적으로는 영이 죄사함을 받은 것이다. 다음의 말씀을 읽어 보면 실제적인 삶에서 우리의 영혼이 지속적으로 구원을 받아 가야 한다는 사실을 알게 될 것이다. 여기에 나오는 영혼이란 단어의 헬라어 원어는 하나님의 영을 의미하는 '프뉴마'가 아니라, 어떤 영에 의해서 영향을 받는 생명 또는 목숨이란 뜻의 '프쉬케'다.

39 우리는 뒤로 물러가 멸망할 자가 아니요 **오직 영혼(프쉬케, psyche)을 구원함에 이르는 믿음을 가진 자니라** 히 10:39

21 그러므로 모든 더러운 것과 넘치는 악을 내버리고 **너희 영혼을 능히 구원할 바 마음에 심어진 말씀을** 온유함으로 받으라 약 1:21

9 믿음의 결국 곧 **영혼의 구원을 받음이라** 벧전 1:9

2 사랑하는 자여 **네 영혼이 잘됨같이** 네가 범사에 잘되고 강건하기를 내가 간구하노라 요삼 1:2

믿는 자들을 대상으로 하는 이 모든 말씀은 우리의 영혼이 믿음을 통하여 구원을 이루어 가야 한다는 진리를 강조하고 있다. 우리는 죄사함을 받음으로써 영이 새롭게 된 존재이지 영혼까지 현재적으로 새롭게 된 존재는 아니다. 따라서 내 안에 계신 그리스도의 영을 통해서 우리 각자의 혼이 인도함을 받아야 한다. 아울러 영으로 몸의 행실을 죽이는 것을 체험해야 한다.

12 그러므로 형제들아 **우리가 빚진 자로되** 육신에게 져서 육신대로 살 것이 아니니라 **13** 너희가 육신대로 살면 반드시 죽을 것이로되 영으로써 몸의 행실을 죽이면 살리니 **14** 무릇 하나님의 영으로 인도함을 받는 사람은 곧 하나

님의 아들이라 롬 8:12-14

'우리가 빚진 자로되'라는 말의 의미는 우리가 여전히 옛 본성에 빚진 것이 아니라 이제 새로운 영에게 빚진 자라는 것이다. 즉, 예수 그리스도의 죽으심에 동참함으로써 새로운 삶을 부여받은 자로서 우리가 그에 합당한 삶을 살아야 한다는 뜻이다. 이러한 삶은 하나님께서 부르시는 그날까지 성도들이 갚아야 할 빚이다.

만약 우리의 영만이 아니라 영혼까지 이미 구원을 받은 것이라면, 우리가 마음을 새롭게 함으로 변화를 받을 필요가 있겠는가?

2 너희는 이 세대를 본받지 말고 **오직 마음을 새롭게 함으로 변화를 받아** 하나님의 선하시고 기뻐하시고 온전하신 뜻이 무엇인지 분별하도록 하라 롬 12:2

또한 영혼이 구원을 얻었다면 예수 그리스도께서 이루신 구속의 법적 효과가 거듭난 직후부터 즉각적으로 나타나야 할 것이다. 예를 들어, 당신의 머리가 나쁘다면 즉시 하나님의 명철과 지혜가 임해야 할 것이다. 당신 마음의 상처도 당장 치유되어야 마땅할 것이다. 육신의 모든 질병도 치유되고 건강하게 되어야 할 것이다. 그러나 현실적으로는 전혀 그렇지 않다. 우리의 혼과 육이 실제적으로 삶 속에서 구원을 이루어 가는 것은 (이미 법적으로 구원을 받았지만) 새로워진 영을 통해서 예수 그리스도의 믿음에 순종하는 만큼 이루어지는 것이다. 우리가 이러한 영적 비밀을 깨닫고 그리스도의 영에 의해서 점점 더 인도함을 받게 될 때, 매일의 삶에서 죄의 몸(롬 6:4)은 서서히 사라지고, 새 생명 가운데 있는 속사람(그리스도의 영에 인도함을 받는 육과 혼의 삶)은 날로 새로워지게 된다.

16 그러므로 우리가 낙심하지 아니하노니 우리의 겉사람은 낡아지나 우리의 속사람은 날로 새로워지도다 고후 4:16

의인으로서 새로운 삶을 살라

복음은 하나님의 의가 계시되는 것이다. 그런데 우리는 너무나 오랫동안 복음이 마치 죄를 계시하는 것처럼 여겨왔다. 궁극적으로 죄는 하나님이 주신 것이 아니라, 사탄으로부터 온 것이다. 사탄은 우리가 하나님 앞에서 스스로를 무가치하고 더럽고 악하며 연약한 죄인으로 보는 것이 온전한 태도라는 생각으로 우리를 속여 왔다. 그래서 우리 자신을 벌레만도 못한 존재라고 생각하고 고백하는 것이 하나님을 가장 높이는 겸손인 것처럼 착각하게 만들었다. 인간의 관점에서 보면 그것이 사실이지만, 우리와 관계를 회복하시고 친히 자녀 삼아 하나님나라의 새로운 삶을 주시고자 하는 하나님의 관점에서 볼 때는 그 모든 자기 비하는 결국 하나님을 모욕하는 것이고, 예수 그리스도의 피 흘리심과 부활하심을 모독하는 처사에 불과하다. 사탄이 아담에게 행한 일이 어떻게 하나님께서 그리스도 안에서 우리에게 행하신 것보다 더 능력이 있다고 말할 수 있겠는가?

우리는 사탄이 이미 패배했음을 알고 있음에도 승리하는 삶에 대해서는 무지했고 무관심했다. 우리는 예수 그리스도께서 이미 다 이루시고 예비해 놓으신 은혜를 누리지 못하고 살아 왔다. 우리에게 주신 권세와 능력을 충분히 알지 못했고 제대로 사용하지 못했다. 하나님의 말씀을 옳고 그름을 판단하는 기준으로는 사용했지만 능력으로는 체험하지 못했다. 왜 그런가? 왜 이 모든 안타까운 일들이 계속되는가? 우리가 바로 하나님의 의라는 사실을 우리의 마음으로 받아들이지 못했기 때문이다. 우리가 하나님의 의라는 사실을 온전히 깨닫고 체험할 때부터 우리는 더 이상 악이나 질병이나 물질적 궁핍함이나 사탄의 공격을 두려워하지 않게 된다.

모든 영적 세계에 대한 깨날음과 새로운 삶은 바로 성령 하나님의 역사로부터 시작된다. 지혜와 계시의 영이신 그분이 우리의 마음에 임할 때, 비로소 마음의 눈이 밝아지게 된다.

> **17** 우리 주 예수 그리스도의 하나님, 영광의 아버지께서 지혜와 계시의 영을 너희에게 주사 하나님을 알게 하시고 **18** 너희 마음의 눈을 밝히사 그의 부르

심의 소망이 무엇이며 성도 안에서 그 기업의 영광의 풍성함이 무엇이며 **19** 그의 힘의 위력으로 역사하심을 따라 믿는 우리에게 베푸신 능력의 지극히 크심이 어떠한 것을 너희로 알게 하시기를 구하노라 엡 1:17-19

우리 마음의 눈이 열린다는 것은 하나님의 생명 말씀이 역사할 수 있는 내적 통로가 열리는 것이며, 이것은 육체가 영을 통제하는 대신 새로워진 영이 육체를 통제하는 것을 의미한다(롬 8:13). 마음의 눈이 열림으로써 하나님의 권능이 말씀에 따라 역사하게 되면, 그때 비로소 우리의 영이 육신을 복종시킨다고 말할 수 있다. 이러한 은혜의 역사를 세부적으로 구분해 보면 첫째는, 우리의 마음을 새롭게 하는 과정이고 둘째는, 하나님의 생명 말씀이 마음에 풀어지는 과정이며 셋째는, 우리의 믿음을 통하여 주의 말씀이 이루어지는 과정이다. 이는 서로 연계되어 있고, 하나님의 자녀인 우리가 매일 훈련해야 할 일이다.

32 이는 다 이방인들이 구하는 것이라 너희 하늘 아버지께서 이 모든 것이 너희에게 있어야 할 줄을 아시느니라 **33** 그런즉 너희는 먼저 그의 나라와 그의 의를 구하라 그리하면 이 모든 것을 너희에게 더하시리라 마 6:32-33

우리가 하나님의 의가 되는 순간, 더 이상 우리의 이름으로 살지 않게 된다. 왜냐하면 우리가 하나님의 의가 되는 것은 오직 예수 그리스도 안에서 이루어지기 때문이다. 하나님의 의인 우리는 예수 그리스도의 이름으로 살아가는 새로운 존재가 된 것이다. 결국 우리가 예수 그리스도의 이름으로 행하는 모든 것은 예수님 자신이 하나님 아버지 안에서 행하시는 것과 동일한 것이 된다.

> **24** 지금까지는 너희가 내 이름으로 아무것도 구하지 아니하였으나 구하라 그리하면 받으리니 너희 기쁨이 충만하리라 요 16:24

> **17** 믿는 자들에게는 이런 표적이 따르리니 곧 그들이 내 이름으로 귀신을 쫓아내며 새 방언을 말하며 막 16:17

> **12** 내가 진실로 진실로 너희에게 이르노니 나를 믿는 자는 내가 하는 일을 그도 할 것이요 또한 그보다 큰일도 하리니 이는 내가 아버지께로 감이라 요 14:12

우리가 하나님의 의가 될 때, 우리는 예수님이 이 땅에 계셨을 때와 동일한 상태가 된다. 그때부터 예수 그리스도가 우리를 통해 친히 그분의 일을 행하시는 것이다. 그분은 포도나무이시며 우리는 가지다. 포도나무이신 그분의 생명 열매가 가지인 우리의 삶에 맺히게 되는 것이다.

17 자녀이면 또한 상속자 곧 하나님의 상속자요 그리스도와 함께한 상속자니 우리가 그와 함께 영광을 받기 위하여 고난도 함께 받아야 할 것이니라 롬 8:17

17 이로써 사랑이 우리에게 온전히 이루어진 것은 우리로 심판 날에 담대함을 가지게 하려 함이니 주께서 그러하심과 같이 우리도 이 세상에서 그러하니라 요일 4:17

우리가 예수 그리스도 안에서 선한 일을 행함으로써 주의 뜻을 이루는 것이 바로 의의 열매다. 그것은 또한 예수님이 이 땅에서 행하신 일들이기도 한다. 예수 그리스도 안에서 예수 그리스도의 이름으로 예수 그리스도께서 하신 말씀을 말하고, 우리 안에 있는 주의 믿음으로 행함으로써 하나님의 뜻을 이루자. 할렐루야!

10 심는 자에게 씨와 먹을 양식을 주시는 이가 너희 심을 것을 주사 풍성하게 하시고 너희 의의 열매를 더하게 하시리니 고후 9:10

10 우리는 그가 만드신 바라 그리스도 예수 안에서 선한 일을 위하여 지으심을 받은 자니 이 일은 하나님이 전에 예비하사 우리로 그 가운데서 행하게 하려 하심이니라 엡 2:10

참고문헌

《내면의 혁명》, 드와이트 에드워드, 좋은씨앗, 2005
《복음이란 무엇인가?》, 김세윤, 두란노아카데미, 2009
《복음주의 조직신학》, 밀라드 J. 에릭슨, 크리스챤다이제스트, 2005
《아, 내 안에 계신 그리스도》, 찰스 프라이스, 생명의말씀사, 2002
《옥스퍼드 원어성경대전(신구약)》, 제자원(바이블 네트), 2006
《율법이냐 은혜냐》, 엠 알 디한, 생명의말씀사, 2005
《은혜 영성의 파워》, 스티브 맥베이, 도서출판 NCD, 2002
《제한받지 않으시는 하나님》, 노만 그러브, 두란노, 1993
《조직신학》, 스탠리 그렌즈, 크리스챤 다이제스트, 2003
《조직신학개론》, 밀라드 J. 에릭슨, 기독교문서선교회, 2001
《조직신학(하)》, 웨인 그루뎀, 은성, 2004
《하나님나라의 복음》, 조지 앨든 래드, 서로사랑, 2002
《하나님나라》, 조지 앨든 래드, 크리스챤다이제스트, 2005
《하나님이 주신 보장된 삶》, 빌 길햄, 도서출판 NCD, 2006
《현대인을 위한 신학강의》, 김동건, 대한기독교서회, 2011
《하나님 나라 복음》, 김세윤, 김회권, 성현구, 새물결플러스, 2013
《칭의 교리의 진수》, 제임스 뷰캐넌, 지평서원, 2002
《칭의론 논쟁》, 필립 입슨, 기독교문서선교회, 2001

말씀과 성령님의 만지심

헤븐리터치

www.heavenlytouch.kr

HTM은 'Heavenly Touch Ministry'의 약어로 '하나님나라의 도래'와 '천국으로의 침노'를 지칭합니다. 우리는 회개함으로 구원을 받고, 우리 안에 계신 그리스도의 영으로 말미암아 하나님의 나라와 그 백성의 삶, 즉 하나님의 아름다운 덕을 나타내는 삶을 살아야 합니다. HTM은 말씀과 치유로 그 하나님나라를 경험할 수 있는 집회와 하나님나라를 세워갈 킹덤빌더들을 세우는 각종 훈련프로그램으로 교회와 성도들을 섬기는 사역단체입니다.

● HTM은 사단법인 한국독립교회 및 선교단체연합회에 소속된 선교단체입니다.

손기철 장로가 매주 인도하는
월요말씀치유집회

| 장소 | 선한목자교회 본당 (지하철 8호선 복정역 2번 출구) |
| 일시 | 매주 월요일 저녁 7시 30분 |

＊ HTM 센터가 마련되어도 월요말씀치유집회는 선한목자교회에서 계속됩니다. 단, 천재지변이나 특별한 이유로 장소와 시간이 변경될 수도 있으니 꼭 홈페이지에서 확인하세요. 1년 중 1월과 8월은 해외 집회 관계로 집회가 없습니다.

HTM 홈페이지 안내
www.heavenlytouch.kr

HTM 홈페이지에서는 HTM의 모든 집회, 교육, 사역 안내와 손기철 장로의 말씀 영상을 볼 수 있으며, HTM 집회와 도서와 동영상 등을 통해 치유를 경험한 성도님들의 치유간증을 실시간으로 볼 수 있습니다.

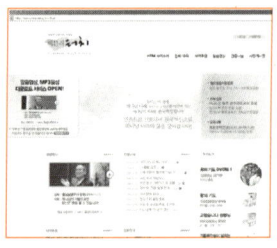

**갓피플 닷컴 집회 영상,
MP3 다운로드 서비스** (유료)

htm.Godpeople.com

HTM 집회 동영상과 손기철 장로의 말씀을 언제 어디서나 듣기 원하는 분들을 위해 집회 영상, MP3 유료 다운로드 서비스를 제공합니다. PC, 개인용 동영상 플레이어(PMP), MP3 플레이어로 보고 들을 수 있습니다.

HTM 센터의 모습

'HTM 센터'가
당신을 기다립니다.

● 헤븐리터치미니스트리센터(HTM 센터) 위치 서울시 강남구 청담동 5-25번지 휴먼스타빌 2F, 3F

HTM 센터는 삶의 현장에서 모든 사람들이 하나님나라를 목도하고 침노할 수 있도록 먼저 하나님을 경배하고 각종 스쿨을 개최하며 하나님나라를 확장해나갈 터전이 될 것입니다. 이제 이 센터의 효율적인 운영과 영적 전쟁을 위한 동반자가 필요합니다.

HTM 동역을 위한 HTM 파트너를 모십니다!

하나님나라의 복음을 전하는 HTM의 비전과 사역을 위해 기도해주시고, 성령님께서 허락하신 이 공간이 잘 운영되고 활용될 수 있도록 HTM 파트너가 되어주십시오!

● HTM 파트너에게 드리는 혜택

  * 매달 HTM 월간 소식지 발송
  * HTM 각종 스쿨 및 세미나 등록 시 할인 혜택
  * 매달 말씀 CD와 집회영상 DVD 증정
  * 파트너스 컨퍼런스 초대

● HTM 파트너가 되는 방법

  HTM 홈페이지 참조 및 전화 문의
  핸드폰(사무국장) 010-2450-8681   이메일 htm0691@naver.com
  전화 02-576-0153   팩스 02-447-2039

● HTM 파트너가 아니더라도 일회적으로 후원하실 경우 아래의 후원계좌를 이용해주십시오.

  후원계좌 787201-04-069305   국민은행 | 헤븐리터치(후원)
  HTM 센터를 위해 헌금하신 분께는 연말정산(환급)용 기부금영수증을 발급해드립니다.

"월요말씀치유집회는 선한목자교회에서 열립니다!!"

HTM 센터에서는 주중의 HTM 스쿨과 기도회 등의 중소 규모 집회나 기타 센터 운영 목적에 맞는 행사들이 개최되고 있습니다. 월요말씀치유집회는 현재와 같이 선한목자교회에서 계속 열리고 있으니 착오 없으시기 바랍니다.

헤븐리터치

www.heavenlytouch.kr   GODpeople 검색창에   헤븐리터치 검색

twitter   twitter.com/htm0691